书生意气

吴钊谦作品自选集

吴钊谦　著

漓江出版社
桂林

图书在版编目（CIP）数据
书生意气：吴钊谦作品自选集 / 吴钊谦著 . 桂林：漓江出版社，2024. 7. — ISBN 978-7-5407-9847-5
Ⅰ. C53
中国国家版本馆 CIP 数据核字第 2024PV7067 号

书生意气——吴钊谦作品自选集
Shusheng Yiqi——WuZhaoqian Zuopin Zixuanji

作　　者：吴钊谦

出 版 人：刘迪才
责任编辑：王　坤
装帧设计：长　岛
封面摄影：夏　天
责任监印：张　璐

出版发行：漓江出版社有限公司
社　　址：广西桂林市南环路 22 号
邮　　编：541002
发行电话：010-85891290　0773-2582200
邮购热线：0773-2582200
网　　址：www.lijiangbooks.com
微信公众号：lijiangpress

印　　制：苏州市越洋印刷有限公司
（江苏省苏州市越溪街道南官渡路 20 号　　邮政编码：215104）
开　　本：880mm×1230mm　1/32
印　　张：9.75
字　　数：217 千字
版　　次：2024 年 7 月第 1 版
印　　次：2024 年 7 月第 1 次印刷
书　　号：ISBN 978-7-5407-9847-5
定　　价：68.00 元

关系（代序）

裘浙锋

隋代一名妃子投水而死的传说，让新昌的一条无名之溪有了一个故事性名字——韩妃江。在浙东的叙事里，这是一种传统，将人与土地的关系编织在一起，使山水有了人物的精魂。

韩妃江是素有浙中“群山之祖、诸水之源”之称的大盘山脉中无数缠绕其间的涓滴细流之一，崇山峻岭之间河水穿过的那片谷地，被称为韩妃江峡谷。这是一个闭塞的地理单元。1964 年，万山丛中一个普通农家屋檐下诞生了一名小男孩，他或许并不知道，家乡门口蜿蜒的水流不断向前，将与从磐安发源而来的澄潭江合流汇入曹娥江。

在更为遥远的前方，曹娥江作为汇入钱塘江的最末一条支流，勾连起浙东古运河，最终奔腾入海。山水经纬擘画的这片区域，是千年以前白居易描述过的世界：“东南山水越为首，剡为面，沃洲、天姥为眉目。”

白居易行旅到过的区域，在其身前身后还有无数人歌咏。中国文学史是一个开放的互文性系统，千年雅集与唱和是文人的传统。那些前人留下足迹和书写痕迹的风景名胜地，将一次又一次地出现在后人笔下，直至成为文学世界的经典符号和意象。

就像一幕电影的开始，即使生活于此地，少年时代的吴钊谦应该也与这样一个伟大而悠久的传统无关。他需要面对的是生活的困顿、人世的艰辛，或者酝酿着走出大山的冲动。就像所有前改革时代的中国乡村一样，吴钊谦的家乡在20世纪六七十年代几乎是一个前现代社会。摆脱贫困的渴望，奋斗改变命运的信条，是成长的唯一主题。

命运的推手总是将人置身无数的旋涡，它让梦想成真，或者让原初的愿望失真。在充满告别和离开之后，多年以后的吴钊谦在文集中用一种近乎历史笔记小说的手法深情回忆了这个乡村的点滴往事：某年大雪纷飞的冬日，一支送葬队伍埋葬了那个没有挨过饥饿和疾病的乡村老太；电闪雷鸣的夜晚，一个偷谷贼带着八个娃向村支书齐刷刷地下跪；乡村广播突然播报毛主席逝世后，一个少年手里的提篮哐当一声掉在地上，感觉天塌了下来……

是辗转来到里白岩的邮递员手中的一封信，让剧情发生了转弯。那是1981年，吴钊谦在家乡的古石桥上收到了浙江农业大学的录取通知书。这一终生难忘的场景，连同在后来回忆中满是哀伤的初恋，让他仿佛听见邓丽君在那个向阳的山坡上唱歌："山茶花，你说他的家开满山茶花，每当那春天三月乡野如图画，村里姑娘上山采茶，歌声荡漾山坡下……"

歌声留不住少年驿动的心，一个开始醒来的社会似乎让一切都加速了。在后来的当代史中，我们知道，20世纪80年代起中国开始了人类历史上迄今为止最为波澜壮阔的迁徙。无数年轻男女离开自己的家乡，去县城、省城寻求更多的机会，这种对于未来生活的美好向往，催生出了火山喷发式的城乡流动浪潮。

吴钊谦在文集中记录了那个炽热的年代，学成归来、意气风发的大学生参与到重塑经济社会的各种各样的场景中。热火朝天地讨论产权问题，将点点星火汇聚成财富的洪流，把家乡绵延的群山变成旅游目的地。这是时代投影下的光斑，与其同行的是那个年代特有的口号：四个现代化，改革开放，翻两番，五讲四美三热爱，清除精神污染，严打，知青大返城……

中国改革催生了蓄积已久的动力，开放则消弭了曾经的边界。整个社会在渐进式的道路上狂飙突进，一切都是欣欣向荣的。此时，在寂静夜晚能听捣衣声的里白岩，在乡村伫立成静默雕塑的祠堂，在村口凝固成永恒风景的大树，都一一远去了。

人们曾经相信，一个永动机式的世界将不断继续、螺旋上升，但人生难免生老病死，欢宴总有终时。风驰电掣的时代悄然掉头，一个更为温和、流动性渐缓的时代到来了。那些经历了长跑的人们开始喘息，或许是疲惫，或许是想起了为什么出发，人们开始重新打量，重新审视人与土地的关系，在林立的高楼之间寻找离开后的乡愁，惦念起度过年轻时代的家乡今日是否安好。

就像家乡的那条河流，它在山间欢快地奔腾，兜兜转转后，冲出峡谷，在波澜壮阔中跌宕起伏，最终去往大江大河，汇入大海，归于平静。在从农业文明跨越到工业世界的剧烈社会转型中，所有生活于其间的人都体验了一种命运的抛掷感。时代的列车开过来，我们随着汹涌的人流上车，而在某个不知前路、不知身处何方的月台，徘徊良久，转身又挤上那辆列车。

每一个时代截然不同，而人类的悲欢共通。吴钊谦在文集中记录的正是每一代不曾越过百年的人们的个中况味，那些或深或浅的印记，是时间的化石。那些融入个体生命的见证，让那个时代的人感同身受，可能也会让后人错愕、惊讶与不解。

这种基于个体生命经历的写作，是中国传统，而在绍兴一地，则表现为一种突出的书写现象。大约1700年前的魏晋南北朝，大量流离失所的北方精英衣冠南渡来到绍兴，面对这片陌生的山水，在经历了最初的迷惘、困顿之后，他们开始观察越地多变的山岭、婀娜的溪流。正是这些记载，为后人留下了瑰丽的诗赋、怀想千年的庄园。魏晋之际这种盛行的风气，是绍兴地方志的重要源流之一。

官方编修的方志记录了各个时期绍兴的沿革、疆域、山水和人口关系，而越地文人的书写传统留下了这片情感之地的个人生活世界。无论是祁彪佳的《越中园亭记》，还是李慈铭的霞川，都是用自己的生命为这片土地写下的注释。正是在这个意义上，吴钊谦的人地关系写作，让他得以与一种更为悠久的传统、一个更为绵长的时空相连。

是为序。

2023年8月

目　录

contents

壹　书生情结

贰　书生笔记

叁　书生观察

肆　书生情怀

壹 书生情结

我那遥远的里白岩 *

大岩岗上的眺望

里白岩有一座大岩岗，方圆几十里可见。特别是从台头山的盘山公路下来，大岩岗似在眼前。事实上如果走路，估计还得走上大半天。大岩岗顶有一座建于 20 世纪 70 年代的铁塔，据说是飞机的航标，可见其高。初中时我一次上山，还发现过台湾方面飘投过来的传单。这么说来，此地距台湾应该也不远。

台湾我是没有见着，天气极好时，嵊县倒是见过几回。苍苍茫茫的，那就是所谓“外面的世界”。

“嘀嘀嘀——”，山谷间，偶有汽笛声回响，那是奔跑在新回线上的班车。这是 20 世纪 70 年代里白岩去到“外面的世界”唯一的“机动出口”。

我上大岩岗的次数不多，但上去了，在岗顶一站就是一天，主

---

* 本文为小说。

要是去发呆：山那边究竟是什么样的一个世界？到底有没有神仙？

大岩岗因其高，丛生的杜鹃花长成了树，比其他地方的更壮观。这几年村里试着举办杜鹃花节，城里来看稀奇的游客还真不少。也因其高，乡里规划在此建看星星的露营基地，白岩村也因此多了个新名字：星空小村。

大岩岗脚有一座庵，叫大岩庵，21世纪的某个中秋我和几个朋友去里白岩过中秋，在庵里住过一夜。问起庵的历史，说一口东北话的尼姑说庵堂早年毁于大火，只留下上面刻有万历年间的香炉，这说明大岩庵至少可以追溯至明朝。她还说，中华人民共和国成立前夕，"三五支队"领导丁友灿等人和当时的国民党政府县长在此约谈和平解放事宜，这么说来也算是个红色景点。这个尼姑谈吐不俗，追问起来，她原来是黑龙江国土部门的公务员，老公死后皈依佛门，几经周折，不知怎的在大岩庵落下了脚。听说她颇有些神通，准备在此大兴土木，从挂在墙上的效果图看，颇有些气象。

松涛如潮，月华似水，我们在庵前的平坛上坐至半夜，我一时兴起，凑成几句，曰：

仲秋已觉寒，尼俗均着棉，磬声三两下，亦真亦是幻。面前山连山，背后是大岩，打坐尘嚣远，心静自来禅。

后来我求得沈定庵老先生墨宝（沈老先是推辞，后来拿到文稿，觉得有个庵字，缘分难得，遂欣然命笔）。这幅字一直挂在书房，代表大岩岗凝望着我。

大岩岗下泥路湾原是大队茶场，我第一次见姝就在这里。

“山茶花，你说他的家开满山茶花，每当那春天三月乡野如图画，村里姑娘上山采茶，歌声荡漾山坡下，年十七年纪十八，偷偷在说悄悄话，羞答答羞答答，梦里总是梦见他……”

每次听到邓丽君的这首歌，不知不觉眼泪就淌了一地。那时候姝真是太美了，在阳光绿茶的映衬下，姝纯净得像一粒露珠，她粉红色的皮肤几乎是透明的。我惊呆了：想不到里白岩竟然有如此仙女！

如今，仙女已然羽化而去，长眠于茶山下，徒留下半岭上孤零零的龙马亭……

大岩岗的山水汇集成一条小溪，在村西头形成一潭、二潭、三潭、四潭，一潭比一潭跌宕险峻，至四潭形成了一个方圆十几亩、深几十米的天坑。坑顶沿一巨石形似倒脱之靴，传说是早年有仙人欲在此架设天桥，逢魔鬼作祟，一时心慌，落下了这只脚朝上、头朝下的靴子。这就是新昌早期的十大景点之一——倒脱靴。倒脱靴虽然成名早，但苦于交通不便，一直没有被开发，至今还是一个自生自灭的“野景点”。

一潭又名斤丝潭，就是一斤重的纺锤丝悬铁坠入潭中还不见底的意思，可见其深。据说潭中有龙，旧时，每逢大旱之年，四邻八乡必来此求雨。据说极灵验，常常求到一半，老天突然开眼，大雨滂沱。所以潭边修了一座躲雨亭，也叫龙庭。龙庭旁边有一座古石桥，那是我通向公社、通向公路的唯一路径。

大岩岗和倒脱靴还是有些气象的。我第一次到倒脱靴，那种被震撼到了的感觉至今记忆犹新。就是那种想作诗的感觉，却又作不出，只剩下“啊——”的长音在心中回响。

高中时和同学再游倒脱靴，倒是写了几句所谓“诗”的东西的。大家各自将“诗”塞进靴脚的岩石缝中，相约50年后取出再看。我早不记得当初究竟写了什么，现在似乎也没了取出展读的劲头。只是那份少年情怀，还时不时在梦中浮现。

大岩岗的山水流下来，最后汇入韩妃江、澄潭江、曹娥江，直至杭州湾，最后汇入大海。

就是在龙庭边的古石桥上，我和邮递员不期而遇。他递给我一个写着“浙江农业大学”的信封，让我走出了里白岩。

那是1981年，我17岁。

走不出的是永远的山茶花：“山茶花，你说他的家开满山茶花，每当那春天三月乡野如图画，村里姑娘上山采茶，歌声荡漾山坡下，年十七年纪十八，偷偷在说悄悄话，羞答答羞答答，梦里总是梦见他……”

突如其来的节日

十五的月亮十六圆，昨晚，恰逢天气晴好，风轻云淡，月亮特别大特别白。记忆中月亮好久好久没有这般大这样白过了。

记忆中最大最亮的月亮是1972年秋天里白岩西塬晒场上空的那一轮月亮。

小山村的夜晚向来是寂寥的，但月圆之夜例外，总会有那么一帮小伙子和姑娘按捺不住青春的躁动，到西塬晒场上追逐嬉闹。

不过，这晚西塬晒场上的主角竟然是村里的响器班！实在是稀罕。

大家知道，响器班一般村里有人出殡才出动。无论大村小村、穷村富村，死人的事终是免不了的，所以村村都有一个响器班。响器班的手艺就像泥水匠、油漆匠、箍桶匠一样世代相传。

里白岩的响器班还是很有名声的，去年他们自导自演的《智取威虎山》还在澄潭区的文艺会演中得过奖。特别是周五师傅饰演的杨子荣，英气逼人，声震云霄，蹬腿，挥鞭，亮相，一句“穿林海，跨雪原，气冲霄汉……”总能落个满堂彩。在一次邻村的巡演中，一个大姑娘竟巴巴地跟了来，一时成为响器班的传奇。

周五是响器班的头儿。演戏只是客串，他最擅长的是乐器，二胡、笛子样样玩得溜。当然，玩得最溜的是“梅花”，噢，也就是唢呐。他的唢呐凄厉、悲凉、高亢，声调拨上去，拨上去，打几个滚儿，又一直一直往上拨，五六分钟不带喘气儿的。像梅花是响器的灵魂一样，周五是响器班的灵魂。

这天，月色大好，他灵机一动，心血来潮，何不叫上响器班上西塬晒场闹一闹呢？这两年来，里白岩人实在太累了，又是挖防空洞，又是每天早晨民兵操练，支部书记动不动做形势报告，说“苏修”在我边境陈兵百万，亡我之心不死。一会儿，林彪东窗事发，摔死在温都尔汗。一会儿，又是公社组织的三十六坞水库大会战。社员们一年到头，连个喘气的时间都没有。对，趁着这月色大好，叫上响器班，加上《智取威虎山》的几个骨干，闹他一闹去！

锣鼓响，脚底痒。社员们纷纷围拢来，将响器班围了个大圈儿。周五他们更来劲了，一不做，二不休，演了一出简版的《智取威虎山》。周五当仁不让演杨子荣，而演小常宝的，正是那个前几天跟过来的外村姑娘。

直到后半夜，天气渐渐凉了，社员们才依依不舍地渐渐散去。散场时，周五意犹未尽，还拨了一段高音："穿林海，跨雪原，气冲霄汉……"月白风清，月华如水，歌声在山谷间传得很远，很远。

第二天一早，照例又是民兵操练。列队开始前，周六匆匆赶上来捅了周五一把："哥，昨晚和嫂子干活了吧？我都听见了。""你们不也是，哼！"周五甩了甩袖子。

周五、周六自以为压低了嗓门，但还是让我这个每天来西塬看操的小屁孩听了个正着。"别以为我听不懂，哼！"

这样一个突如其来的节日，让里白岩着实兴奋了好几天，直到现在，还有人偶尔会提起那个神奇之夜。

祖上也曾阔过

里白岩那时正式的叫法是新昌县红星公社新明大队。但在一般村民的口中，还是里白岩、里白岩地叫着。直至现在，里、外白岩合并为白岩村了，但在我心里还是里白岩。

里白岩属于澄潭区，但和回山、儒岙、镜岭相邻。比如乘车会去儒岙的牛屎岭，赶集会去回山的新市场，抲猪卖柴会去镜岭的西坑楼基。和澄潭区公所所在地澄潭反而较少联系，盖因路陡途远，实在不便。

这么一个"四界"相交之地，肯定不是什么通衢之处，恰恰是四不搭的山旮旯。直到20世纪80年代才通了电，20世纪90年代才通了路，就是其偏僻的一个注脚。我毕业后第一份工作在绍兴市农业局，每年过年局里派车送员工回家，轮上我的司机都很上头，搞得我只好一路赔小心。

其实，里白岩祖上也是阔过的，据说全盛时期的里白岩有十八个台门相连，大雨天走遍全村一百多户人家不带淋一滴雨的。

而且，那时候乡名就叫白岩乡，其地位可见一斑。

后来成为著名教育家、担任过上海市教育局局长的吕型伟曾在白岩小学任教。2000 年左右，吕老回新昌，专门来里白岩寻访，并捐建了里白岩希望小学。

白岩访古，让吕老唏嘘不已，想不到昔日有名的台门村竟凋零至此！

一切皆因 1958 年的一场大火。台门好是好，可最怕火，火烧连营一连烧了五六天，全村烧得只剩下一个下祠堂，后来成了我们小学的教室，连村口龙山头几十棵两人才合抱过来的风水树也只剩下七八棵。至今，这几棵风水树上还有烧焦的痕迹。

后来有一次，我陪省农业厅的一位处长去新昌调研，接待我们的是新昌一位姓钱的副县长。席间他得知我是里白岩人，说："里白岩啊，我知道，我 70 年代作为工作组副组长在那儿待过一阵子。那是我见过的最穷的一个村，那真叫赤贫，一贫如洗。我们到社员家去，连坐的地方都没有。"

后来，里白岩又陆陆续续发生过几次火灾，一时全村舆情汹汹，大意是再也不能这样"坐以待火"了。大队经高人指点，在村西口面向十九峰那边，修了一座一字形大坝状的大会堂，堵住了豁口。说来也怪，火神从此消停了。

除了穷，我体会最深的还有里白岩的闭塞，与五里外的后岱山比起来，文明和开化不只相差了一点点。后岱山人走出来，穿着打扮、言谈举止就是比里白岩人洋气些。后岱山还出了一些干部，当上了邮递员、广播员、电影放映员、供销社营业员等。这可能跟后岱山是公社所在地有关吧。

里白岩也出过一个大官，听说是农业部的一个副部长，是我同学何百金的表叔。百金爸千里迢迢去北京找过他，结果被轰出了门："回家养长毛兔去！"

还有一个20世纪60年代考上了兰州一所中专学化工的，这一去十几年没回来过。他爹娘每每说起，叹道："就当白生白养了！"倒是留下了两本书，一本代数，一本几何，我后来正是自学学通了这两本书，才得以一睹"外面的世界"。

其实不单是里白岩，那个时候整个新昌都对"外面人"高看一眼。

但彼时，几个到外面闯世界的里白岩人无不灰头土脸：春阳叔被公社叫进了"投机倒把分子学习班"，也几次上过村里的批斗会；百奎哥过年回家时穿着洋装神气十足，不料年底却被公安押回来，罪名是涉嫌诈骗。

尽管如此，我还是抑制不住对外面世界的向往。我每天听有线广播，知道里白岩以外还有一个我不知道的大世界。何况我妈常常念叨："算命先生说过，你长大了不是住宁波就是住绍兴。"

我们那会儿毕业包分配，不知道为什么，系党总支书记吴士斯对我这个三天两头逃课的差生格外关照，提出绍兴、宁波两个地方让我选，不争气的我，没多想就选了绍兴。这一待就是三十多年。

也许，这就是命吧。

我的小学老师

谁能背出小学一年级语文第一课到第五课的课文？我能。第一课，毛主席万岁！第二课，中国共产党万岁！第三课，中华人民共和国万岁！第四课，千万不要忘记阶级斗争！第五课，我们一定要解放台湾！

背了小学课文，自然想起了小学老师。小学时我有三个老师，一个姓吕，一个姓吕，另一个还姓吕。为了区别，一个叫大吕老师，一个叫小吕老师，另一个叫钱老师——他名字中有一个钱字。

钱老师是最后一个加入的，他是一个退伍军人，平时好穿一件褪色的旧军装。听说他是在部队上扫的盲，读过一年识字速成班。

但这并不影响他教我们，语文、算术、音乐、图画、体育什么都能教——除了拼音。所以直到现在我的好多字的发音经常被两个女儿打断纠正，打字也只能硬着头皮打五笔。进入移动端时代后，干脆用手写了。

三个老师都是里白岩人，只有钱老师是走出过里白岩的。钱老师也给我们带来了一些不一样的东西，比如音乐课上就会教我们《三大纪律八项注意》《东方红》《国际歌》的简谱。很长一段时间，我们唱歌只唱这三首歌的简谱，一边唱一边相互嘲笑，觉得特别好玩。

钱老师甚至还会排戏。为了参加全区小学生文艺会演，他找了班上的男生，排了一段“三句半”。这种节目形式现在似乎绝迹了，当时可是大行其道。估计他也是从部队上学来的。

我们的“三句半”顺利通过了公社的选拔赛，晋级到澄潭区小学生文艺会演。不巧的是，会演期正逢连日暴雨，澄潭江水位上涨，把棠村的独木桥冲垮了。去还是不去？以钱老师的军人性格，其实这不是一道选择题。最后他让我们从下游江水相对较缓、较浅的坑下段手拉手涉水过江，所幸有惊无险。换到今天，这简直是不能想象的。要知道，那时候澄潭江每年都要卷走几个人。

澄潭会演让我大开眼界。原来这世上还有这么多好看的女生，她们穿着花格子衬衫、红色裙子（这应该是我第一次看到女生穿裙子），扎着麻花辫，打着蝴蝶结，脸上涂得红扑扑的，报幕员的声音跟广播里的一模一样，后来我知道，这叫普通话。歌唱得也好听："月亮在白莲花般的云朵里穿行……""花篮的花儿香，听我来唱一唱……"这些歌以前都是闻所未闻的，钱老师也惊讶：怎么，这些歌开禁了？可以唱了呀？

随着林彪事件爆发、尼克松访华，以及邓小平复出，1973 年开始，国内的政治空气正在发生微妙的变化，只不过大部分人后知后觉罢了。

钱老师还带着我们进行过一次远足——他称之为拉练，到儒岙的一所小学参观取经，一天走了七八十里路。路过儒岙镇时，钱老师带我们去饭店吃了一碗汤包（馄饨），那滋味让我觉得这一路走得真值。拉练让我们的小腿肚子痛了好几天，并深深烙在每个小小的生命里。

后来我女儿读北海小学，北海小学每年安排春游、秋游的地点都是校门口的府山公园，我抗议了几回，校方的回答永远是冷冰冰的两个字：安全。

部队真是一个神奇的地方。除了钱老师，一个现役军官卢老师也教过我们一阵子。卢老师是小吕老师的老公，回家探亲就来学校给我们上课。哦，对了，那段时间小吕老师的肚子已经很大了。

卢老师长得真是帅啊，打起乒乓球来特别潇洒，爱玩海底捞月之类的花样。他的嗓音也特别迷人。本来吧，教小学生唱歌，没必要那么卖力的，但卢老师唱着唱着就唱嗨了，不知不觉飙起了高音，连附近干活的社员都放下了锄头……这么说我好像是个小迷弟似的，我不知道自己是不是，反正我日后读到“帅”“潇洒”之类的字眼，第一个跳出来的一定是卢老师。

现在想来，卢老师之于我的意义不只是帅气潇洒，而且是让我依稀看到了“外面的世界”，看到了人还可以这么活。

祠堂门口

一想起里白岩，自然会想到祠堂门口。那是里白岩政治、经济、文化中心。

祠堂是指上祠堂，在 1958 年的那场大火中被烧了个精光，只留下了这个名字。大队在祠堂原址上建起了大队部，这是一个带院子的二层小楼，院子里停放着一台手扶拖拉机。进了院子，一楼是个大杂物间，陈放着风车、碾米机等大家伙；二楼则是队部重地，平时楼梯口用一栅栏门锁住，不让闲杂人等随便上去。所谓“重地”，可能是指二楼摆着一台重器——扩音喇叭吧。大队书记时不时会在上面吼两句。除了大队干部开会和偶有工作组入驻，二楼大部分时间都是空着的，倒是院子围墙要忙些，那上面隔三岔五变换着标语口号和壁画。

里白岩人印象最深的是“批林批孔”的壁画，那是工作组和县文化馆的产物，整整画了十几天，画得确实好看，那字跟印出来似的。

这里要说说那台手扶拖拉机了，它是“农业的根本出路在于机械化”的伟大指示的产物，可里白岩地无三尺平，拖拉机根本开不到田里，但长期摆设在大队部也不是回事，大队儿经讨论想了个法子，将它翻山越岭抬到新回公路边的牛屎岭村，在那里建立了一个“交通站”，然后常年在新回线上跑运输，为大队赚了一点“副业经济”。

大队部门口有一块相对较大的空地，这就是我们说的祠堂门口，相当于“里白岩广场”，社员们有事没事爱往这儿凑。吃饭时分，大队部围墙根一溜儿蹲着手捧饭碗的人，稀里呼噜响成一片——大伙儿喝的多是番薯粥。

我上小学那会儿，每天早晨都要喊口号，从下祠堂出发，举着五颜六色的小纸旗，由大吕老师、小吕老师或者钱老师领着，经吕家台门、吴王台门到上屋朱家台门，最后折回至祠堂门口，再狂喊一阵，掀起最后的高潮，然后，散队回家吃早饭。

“广场”旁是一条小坑，这条小坑其实是里白岩的排水系统，曲曲弯弯地连接着全村，最后从村西头豁口泄出。十八台门早已荡然无存，但这些水沟依稀印证着昔日台门村的辉煌。

祠堂门口对面有一口大水塘，长大后我注意到，很多村村中央都有这样的大水塘——它们是用来防火的。

大水塘周边长满了木槿花，初夏时节，木槿花开了，粉嘟嘟的，犹如给大水塘镶上了一圈花边，煞是好看。里白岩人管木槿花叫倒碗花，大人不许我们碰的，说碰了容易摔碗。

大水塘一侧有家小店，卖火柴、肥皂、散装黄酒等，这就是里白岩的经济中心了。

里白岩人有事没事爱往小店跑，特别是那些老光棍们，跟上班似的，每天一早就去，一直到广播里说“今晚的广播到此结束”，才恋恋不舍地立起身来。他们的主要任务是“讲滩头”，也就是扯闲篇——所以这里还是里白岩的文化中心。

男人们天生关心政治，里白岩的最高政治就是大队部那点事儿。这几年，里白岩为抓副业经济，一会儿在锄头岗种金银花，一会儿在泥路湾种板栗，一会儿在面下浪种水蜜桃，可统统没成气候。听说这些项目上面都是有补贴的，这些补贴到哪儿去了？八成是落进了干部们的腰包。

工作组也是光棍们“八卦”的焦点，这个说工作组同志某某跟那家的媳妇好上了，那个说昨晚看到工作组王组长和村花在西塬晒场的草垛里搂作一团……

事后证明光棍们的“八卦”不完全是无中生有。我读高二那年，就是1979年吧，县法院在澄潭中学操场召开公判大会，主角正是曾驻里白岩工作组组长王某某，被其指控和五个村十几个女性有染。

进入20世纪90年代，围绕着村中大水塘，周边呼啦啦一下子开起了4家小店。这似乎是国家发展商品经济在里白岩的倒影。这搞得村民们很为难，进这家，不进那家，成了哈姆雷特式的烦恼。常常买点东西搞得跟做贼似的，趁邻店不注意，嗖地溜进去，又装作若无其事地踱出来……

阿伟和阿伟娘

祠堂门口是里白岩的公共广场，也是中央舞台，举凡邻里吵架、流氓斗殴，都爱往这里凑，大概是这儿不缺看客之故吧。

阿伟和他娘却是个例外。他们娘俩虽然常年在祠堂门口转悠徘徊，但只要一听到什么动静，马上就缩回大水塘边的屋里去了。

阿伟五六岁的样子，阿伟娘看上去三十多岁了，但依稀还可以想见她当年的美丽。他俩穿着旧咖咖[①]的西装，阿伟娘还穿着皮鞋和黑色的裙子，一开口满嘴“阿拉”“哪能”“较惯”之类奇怪的话。他们是上海人，听说阿伟爹以前是大学教授，阿伟娘则是大学校花，也是阿伟爹的学生，后来阿伟爹被打成了“反革命”，不久就死了。他们家好像和里白岩有点瓜葛，阿伟和阿伟娘就被下放到里白岩，住在阿伟爹的一个远房亲戚的一间空房子里。

一开始，阿伟和阿伟娘还颇有些优越感，不大搭理人，偶尔说话，也一派居高临下的腔调。可斗转星移，渐渐地，两人身上的西装越来越旧，越来越破，阿伟娘脚下的皮鞋也不知什么时候变成了解放鞋，最后成了趿着的破布鞋。说话也似她中风过的腿，一拖一沓的。

据说阿伟娘每个月有点生活补贴，算是半个“公家人”，每到月底，她就到祠堂门口巴巴地候着，盼乡邮员送汇款单来。

许是那点生活补贴根本撑不住他们娘俩的生活，知情的邻居说，阿伟他们早就有一顿没一顿的了，要不是她时不时给个番薯，

---

① 旧咖咖：绍兴方言，陈旧的意思。

递把青菜，他们娘俩哪能活到现在？

阿伟娘终究还是没有撑过那个冬天。

那时候的冬天总是特别冷，还特爱下雪，常常一下就是半个冬天，不像现在，偶尔下点雪，整个朋友圈都被那可怜的一点点雪刷屏，惊喜乍呼之声恨不得溢出手机屏外。

那一年的冬天特别冷，我们的小手小脚都青一块紫一块的，长满了冻疮。房前屋后明晃晃地挂着尺把长的水蜡烛，连大水塘都整个儿冰住了，胆大的同学就到冰面上掼“贱胎骆驼”，将几条布鞭子抽得呼呼生风。

一日晌午，村头忽然“梅花”呜呜响起，我们赶过去一看，阿伟一身白衣，哭得声嘶力竭，原来是阿伟娘扛不住疾病和饥饿，终究还是走了。大队吕书记还算仁义，拍板由队里出钱，置了一口薄棺，在挂帘山挖了一个浅坑，总算操办了后事。

送葬的队伍出奇地短，三三两两就那么七八个人，其中还包括三个响器班的。大伙儿拔一脚陷一脚地走在半腿肚深的雪地中，一口棺材抬得东倒西歪。

不知道为什么，我常常想起阿伟娘，想起那个在困顿落魄中仍保持着几分高傲、几分高贵的奇怪女人，一个气质神情和里白岩格格不入、迥然有异的上海女人，想起那支稀稀拉拉、东倒西歪的送葬队伍……

阿伟现在还在的话也快50岁了吧，不知清明节有没有回里白岩看看，在他娘坟头添一把土。

堂二叔和堂二婶

我二叔也没能撑过那个冬天。

二叔得的是黄疸型肝炎，时常脸色蜡黄蜡黄的。大队为了照顾他，让他做了看山佬。他时常拿个哨子在各个山头和村交通要道转悠。那时候，偷柴的事情是时常发生的，抓到偷柴者，一是在祠堂门口的黑板上曝光，二是扣工分。为此，二叔得罪了不少人。

二叔有五个子女，自己又算不上一个全劳力，多多少少还要花点医药费，日子自然过得艰难。我印象中，每年四五月份，青黄不接之时，他们家就快断炊了，主要靠草籽（苜蓿）有一顿没一顿地度日。他的五个子女又特爱哭，每天五个孩子乱糟糟哭成一片，那真叫人闹心。

我家就住在对门，我家是那种所谓“半边户”，老爸是省交通厅路桥处第二工程队的职工，老妈时常在老爸的工地上干点敲石子之类的零工。那个时候，家里有个居民户口，意味着温饱基本有了保证，所以我小时候基本没挨过饿，每天一顿粥，一顿番薯，一顿饭，吃个半饱还是有的。

每当对门哭得“海阔洋洋”，平日慈祥的奶奶就会放下脸来:“哭哭哭，都是给哭穷的。”我们两兄弟跟着奶奶这么多年，很少哭，也不敢哭。

哭声中，二叔的身体一日不如一日，终于连哨子都吹不动了。每天随太阳光匍匐在各处墙根下，脚烂成紫一块青一块的，整个人缩成一团，估计都不到100斤了。在他生命的最后几天，他嘟囔着说想吃猪肚。这可难坏了二婶,所有亲戚都凑在一起想办法搞猪肚。

我不知道二叔卑微的心愿最后有没有实现，但从后来二婶的表情看，应该是实现了的吧？

二叔走了，又蹿出一个难题——响器班好几个人不肯接这单活儿，盖因二叔看山时把他们得罪下了。可怜的二婶求爹爹告奶奶，好不容易高价请来了邻村的响器班，唉！

几年以后，经人撮合，上屋的一个光棍愿意入赘。毕竟膝下尚有五个未成年的孩子，家里没一个壮劳力怎么行？这桩亲事也就成了。二婶家这才有了一丝热气。

这个上门男人真不错，虽然沉默寡言，对孩子们却贼好，还特别卖力气。生产队的那点工分基本上是固定的，为了喂饱五张嗷嗷待哺的小嘴，他工余发了疯似的砍柴，本村的柴砍完了，就上外村砍，一心只想多砍些柴来多换点米。不料，一次在外村砍柴时，他脚下一不留神，摔下了悬崖。尸体进屋那天，那情形不忍直视，我现在也不敢回顾。

“问苍天苍天不语，问人间人间无言……”我耳边一次次回响起祥林嫂“问苍天”的唱段。二婶啊，善良如你，勤劳如你，命咋就这么苦呢？老天你太不公平！

再苦的日子，只要撑过去就有希望。眼看着孩子们渐渐长大，出嫁的出嫁，成家的成家，金光、金良两兄弟还在西塬晒场起了新屋，眼看着二婶的苦日子熬出头了。

三年前的一个半夜，我突然接到电话，说金良，二婶的二儿子，我的二弟，以跳江的惨烈方式，结束了自己40岁的生命！

金良，你个丧天良的，你这是要置你老娘于何地啊！

金良和鑫江

在我几个堂兄弟中，金良是长得最流亮的，人也聪明伶俐，初中毕业后就跟我弟学电焊，辗转在各路桥工地上打工。我弟 16 岁时顶了我老爸的职，早早加入了造桥大军。特别是在电焊这一行，算是个老师傅了。

金良也是争气，不久就偷到了拳头，回到新昌，当上了新和成电焊班的小头头。

一日，他来绍兴参加全市电焊工比武。他不无得意地告诉我，他应该排在全市前三的位置。看到这个昔日大冬天光着脚板上学、手脚因冻疮烂得不成样子的苦孩子终于“出山”了，我打心眼里高兴。

又过了一段时间，他打电话来叫我们喝进屋酒，他在新昌城里买了房子。席间他回忆说 :“当年舅老爷说，你金良这辈子能在城里买屋，那你拉到哪儿我舔到哪儿!”说完，他一仰头，把一满杯酒都干了，一派一雪前耻的气概。还把女儿叫上来，为我们表演了一段欢快的小提琴独奏。

我内心很是欣慰，金良可算是做上城里人了!

本来，这样的小日子过过安稳又滋润，可人心不足蛇吞象，听说那次进屋酒不久，他就离开了新和成，到外面东奔西走包工程。他最后一次给我打电话 :“大阿哥，我在嵊州揽了一个小工程，前期要填点本，能不能借一点，顶多年底就还。”

我家被借钱借怕了，我根本不敢跟老婆说。可金良开口，又说得那么言之凿凿，我就从自己的私房钱中打过去了一些。

此后，不断有亲戚打电话来说，金良把亲戚们借了个遍，他不是包什么工程，而是借赌资翻本！

估计那个本是没有翻过来，反而越套越深了。

后来就出了那档子事……

每年清明，我都会在金良坟前放两束菊花，留下一声叹息：唉，山里的孩子“出山”咋就这么难呢？！

鑫江是我堂小叔的独子，从小就没了娘，父子俩形影相吊，日子过得清汤寡水。许是家庭的缘故，鑫江从小内向，常常拧着个眉头，很少有笑容。他和村里那帮吵吵闹闹的小伙伴也玩不到一起，总是一个人特立独行。

后来听说他学了油漆手艺。那时候，山里的孩子当不了兵，考不上学，学手艺是唯一的出路。既然没有别的选择，那就一门心思下力气学呗，慢慢地，鑫江从“小油漆工”变成了“油漆佬”，从跟着师傅有一家没一家地打零工，到自己单独到宁波一家一家包装潢。也是赶上了好时候，那些年房地产业繁荣，搬新房的人一茬又一茬，鑫江的生意好得连他自己也不相信，常常日夜连轴转还忙不过来，一年到头也就是过年才歇上几天。

后来，鑫江结婚，生子，在城里买了房，算是混出来了，可人也倒下了。由于常年没日没夜地劳作，加上有毒气体的“熏陶”，我再见鑫江时，是在医院的重症病房里，病历上冷冰冰地写着：肝癌晚期。

那时的鑫江已瘦得不成人形，身体蜷作一团，像一堆皱巴巴的破棉袄。

我努力想控制自己，但还是刹不住车，只好转过身去，面壁而泣，良久良久……

临别时，我留下了一沓钱，虽然我知道这毫无意义。

不到一个星期，鑫江就走了。

现在，我努力回忆鑫江的样子，可不管怎么努力，就是想不起他的笑容。

鑫江应该会笑，也是笑过的吧？

苦难中的欢乐时光

里白岩的日子固然清苦，但童年总归有童年的快乐。

那时候虽说我们是学生，但真正读书的时间并不多，除了玩，就是劳动。

所谓玩，就是打仗。我们分成两拨，在锄头岗上垒起“战壕”，互掷“手榴弹”。“手榴弹”除了土疙瘩，也有升级版：自制的包裹着碎瓷片的“手雷”。

跃出“壕沟”冲锋的时候，我们端着红缨枪呼啸向前，和“敌方”用红缨枪的杆子格斗。但奇怪的是，当杀声停下来，红缨枪杆啪啪撞击的声音停下来，整队回家时，居然发现无一人受伤。可见当时大家虽年纪小，但也懂得虚张声势手下留情的。

作为“红一方面军司令”，我有一把看似真实的手枪，有弹簧、枪管、扳机，扳机座上装上炮仗上挖出来的火药，就能发出枪声并将装在枪管里的铁砂打出去。我手笨，自然做不出这样的“高科技”，它是我们“红一方面军”集体智慧的结晶。

我把这把象征着权力和地位的手枪藏在后屋的房梁上，主要是怕我弟弟偷走，他是“白军司令”。藏好枪，我怕自己忘了，就在梁上用粉笔写了两个字：有枪。现在回老家每当看到这两个字，不禁哑然失笑：真是蠢到家了。多年以后，我弟还拿这事嘲笑我。

放学以后就得去劳动，主要是拔草——拔猪草、兔草，拔不完的草。以致落下了一个病，现在看到公园里的草就想去拔：多好的草，不拔多可惜啊！

拔草也有快乐的时光，比如遇到“阿公阿婆”“莲纪灯”“旱仁”等，运气好的话，还能捡到一窝窝雉鸡蛋，比家养鸡的蛋小些，但味道更好。“旱仁”多长在松树下的草丛青苔间，普通话就是野生蘑菇，奶奶把“旱仁”在饭锅里带水蒸了，再挑一点猪油，啧啧，真是鲜得灵魂出窍。

秋冬时节，山里更多的“水果”成熟了，野苹果，粉甜粉甜的，刺果子，酸酸甜甜的，满山遍野都是，各种口味都有。

还有玉米秆子，挑选得法，味道不比甘蔗差。还有红心番薯，那叫一个甜；红皮萝卜，那叫一个脆……

最快乐的劳动是捡落花生。落花生这种东西很奇怪，掘掘还有，翻翻还有，总是捡不完。这和拾“旱仁”和掘鞭笋差不多，只要你耐心足够，总是惊喜不断。

一日，上屋有一户相对富裕的人家讨媳妇，我们一帮小屁孩照例去讨喜糖。他家的喜糖特别体面，居然有一个橘子。这是我第一次吃到真正的水果，那芳香甜蜜的味道我至今记忆犹新，直到今天，我最爱吃的水果还是橘子。

在农大读书时，有一天同学带我到他住在杭州城里的亲戚家玩，同学亲戚客气，捧出了一大捧橘子，不断催促我们吃吃吃，我瞄了一眼，他们家客厅居然放着一大箩筐橘子！

很长时间，我还想不明白：城里人怎么会有这么多橘子呢？

毕业参加工作后，我经常写点诗歌散文，以文学青年示人。其实彼时我看得最多的是《农村政策研究》，我曾悄悄发誓：一定要打破中国的城乡二元结构！现在想来真是幼稚可笑。

这几年随着生产力的发展和财政政策的倾斜，城乡之间、居民和非居民之间的鸿沟消弭了许多，所谓的“二元结构”眼看着不打自破了，甚慰甚慰。

美娟的电话和大吕老师

我直播写作里白岩的故事，本意并不想里白岩人看到，毕竟年代久远，人事模糊，一不小心得罪了乡里乡亲。这是我不愿看到的。

可还是有里白岩人看到了，并打来了电话。是比我高一届还是两届的美娟姐，我的文字，勾起了她的无限伤心……

她说：“那时候最怕‘财神菩萨’上政治课。他命令我回家不许管爹叫爹，要叫‘四类分子’。红小兵不准我加入，三好学生不让评，五七高中不许读。你说这个‘财神菩萨’有多恶。”她越说越伤心，竟哇的一声哭了。

我连忙劝她，说不是大吕老师有多恶，而是那个时代太变态，要恨就恨那个时代吧。

美娟并不买账：“那为什么后来我转至后岱山上学，高老师就让我评三好学生了呢？”

我一时无语。

说实话，大吕老师确实是“积极”了一些，什么运动都冲在前面，公社来里白岩割“资本主义尾巴”，他负责带队，房前屋后拔南瓜、砍葵花，数他最起劲。“破四旧”，又是他领头砸了大岩庵的观音菩萨，“财神菩萨”这个绰号就是这样落下的。

他因为“积极”，当上了民办老师，当上了里白岩村小的负责人，后来竟当上了公社信用社的信贷员，并在祠堂门口小店旁造起了一幢二层小楼。我偶然进去过一次，只见二楼房间里装着窗帘，摆着红漆大床，被子叠得方方正正，跟电影里似的。

许是房间布置得太舒服了，许是闹腾劲儿都叫做爹的挥耗殆尽，大吕老师的儿子像个大小姐，大门不出，二门不迈，终日把自己关在二楼的“闺房”里。偶尔下次楼也是一声不吭，旁若无人。

大吕老师对我却是好的，我家两个贫农、一个工人，根红苗正，加之我成绩好，年年都是班长，好像也没理由对我不好。他的好主要表现在借书给我，《西游记》《三国演义》《水浒传》，这些宝贝都是他“破四旧”“破”来的，还有《毛泽东选集》《艳阳天》《金光大道》，那是公社配发的。

在那个书荒的年代，我骤然得到这些宝贝，自然如饥似渴。奇怪的是，《西游记》《三国演义》《水浒传》都是繁体字，我这个三年级的小学生居然也能囫囵吞枣看个八九不离十。倒是两年后看《红楼梦》，已是简体字，晚清曹雪芹的文字几近白话文，于我却是云山雾罩，不知所云。

后来才想明白，《红楼梦》不写打仗，也不以故事为重，写的是原生态的生活，我一个小屁孩哪懂得什么“世事洞明皆学问，人情练达即文章”的狗屁道理!

参加工作后，朋友送过我一套《红楼梦》，我拿起放下，翻开合上，愣是看不下去，可能是“头口奶”败了胃口吧。

读得最津津有味的是《毛泽东选集》文后的注释，正是凭着这些小一号字的注释，我将三大战役以及杜聿明、卫立煌、司徒雷登瞧了个大概齐，你看，至今还记得很多呢。

再见大吕老师时，他已经退休在家了。当年勇砸菩萨的闯将忽然信起佛来，四处游说募捐，先是修了里白岩通往大岩庵的路，从下泥路到廿七步，一步一个台阶直到大岩庵，再修了大岩庵的大殿，又重塑了观音的金身，除了四邻八乡募得的钱，县上宗教部门也出了一些，关键是县上这个钱一出，大岩庵就“名正言顺”了。

廿七步半山岭上，我家捐建了一座凉亭，曰龙马亭。我撰了一联，叫王老师代笔写字，王老师坚辞不就，说平不平仄不仄的，丢人现眼。最后在我的再三坚持下，还是一字不动写上去了。

联曰：白岩岭上大岩庵，廿七步下里白岩。

立亭四顾，就是这么个千秋景致。

我的初中老师

说来也是奇巧，老师的姓氏也爱扎堆凑热闹。我读小学时的三个老师都姓吕，而三个初中老师全姓王。为了区别，第一个叫王老师，第二个叫小王老师，第三个叫魏老师——因其名字中有一伟字，借其音也。

王老师是唯一的公办老师，也是我小学至初中经历的唯一的公办老师。

王老师是我的恩师，启蒙老师，可以说，没有王老师，就没有我的今天。

我至今惊王老师为天人。他是“十项全能”的乡间草木才子，几乎没有他不会的。他是乡村书法家，全公社墙壁上的大字都是他的手笔；他是乡间画家，写意、工笔、漫画样样都来，现在乡政府围墙上的廉政漫画就是他的杰作。他找来几块松树皮，往墙上那么一摆一贴，就是一幅活灵活现的奔马图，至今还是后岱山这个网红村的网红景点。他会拉二胡，这不稀奇，稀奇的是他居然会作曲！这在乡间实在太稀罕了。

他还会写剧本、做导演，几次带着村子里的演出队在县里、市里获奖。他应征的对联现在还挂在鲁迅故里百草园小区门口……

他甚至设计过一台木头车床，车了圆木卖给剧团当道具。

我每年都会去看王老师，他总是说，其实那时候也没教给我什么，那个时代也没多少东西可教。他哪里知道，所谓的教，就在作文的一句评语里，在不经意的一句赞赏里，在他浑然不觉的一言一行里。

可惜王老师只教了我们一年半，我连他的皮毛都没学到，唯一的显性成果可能是我的笔迹和他有点仿佛：半是魏碑，半是颜体。

我考高中时，语文得分大概是比较高的。反正我到澄潭中学报到第一天，班主任就把我叫到语文教研组，四五个语文老师围着我问：“你的初中语文老师是谁？”我头一仰，响亮地说出了三个字：“王焕均！”

王老师简师毕业后，一生都在我们那一带教书。我常想，以他的才智，换个大一点的平台，肯定会有更大的作为。用现在的话说，“飞得更高，走得更远”。

但简单地做一个乡村教师，何尝不是一种幸福呢？

王老师“德艺双馨”，在乡间威望很高，但凡邻里相争，姑嫂吵架，相持不下时，常常会“找王老师评评理去”。姑娘后生对上眼了，也会找王老师做个“顺水媒”，这样，家长这一关就好过多了。

也许，王老师此生说不上多成功、多伟大，却是幸福快乐的。人生如此，足矣！

王老师现在随儿子儿媳住在宁波，去年国庆节我去看过他，唉，老师已垂垂老矣，我心头一紧，不觉怅然……

小王老师长得真俊哪，高挑的身材，白皙的皮肤，一笑两酒窝！

他高中一毕业就来里白岩当代课老师，教我们数学。他教数学还是有两下子的，不像此前从五七高中毕业的本村青年在讲台上连自己也不知所云。我敢这样评论老师，是因为我自学看懂了村里那个老中专生遗留下来的代数和几何，诸位，自学看懂，那是真正弄通了呀。

不久，我就在全公社统考中，数学考了第一名，很为小王老师争了几分光，同时也印证了我自学的质量。

但这次辉煌反而使我对自己多了几分误解，多年以后，我才明白，我其实是一个数学白痴，骨子里是多么痛恨数学。

1977 年是一个神奇的年份，那一年下半年恢复高考，里白岩认得几个字的人都去县城参加考试了，结果可想而知。只有我们的小王老师等来了中专录取通知书。

小王老师毕业不久就做了县汽车站站长，偶来绍兴出差，我们还会一起吃个饭。可没几年就听说犯了事，进去了。就为了七八万元钱？我觉得小王老师不是这样的人！

魏老师很失落，他上了中专分数线，却没有被录取。

魏老师是那种所谓的回乡知青，人在乡间，心在城里，有事没事爱往城里跑，城里人的做派学了不少，每天晚上把裤子放在枕头底下，压出笔直的裤缝来。整天“头势”煞清爽，浑身沾不得一点泥星子。哪里放电影，一定巴巴赶了去。当然，身边多半少不了姑娘。

魏老师教我们物理、化学，还算靠谱。他看着花哨“鲜索”，骨子里却老实耿直。那年冬天，上面追查手抄本《少女之心》，魏老师挺身而出，勇敢地保护了学生。

魏老师连着考了几年，却一蟹不如一蟹，最后也就放弃了，安下心来，和邻村的一个家境较好的姑娘结了婚，据说是倒插门。

一次我回乡路过该村，看到魏老师挑着料皮桶担正往地里去，我连忙头一别，抄小道避开了……

老实的偷谷贼

想不到竟然会是他，再道萝卜，全村有名的老实头。

那些年老天也奇怪，上半年常常见不到雨，春旱连着秋旱，哪怕是夏天，乌云密布，雷声大作，看架势天都要塌了，可没过一会儿，风停云散，日头菩萨晃晃悠悠又出来了。老人们搭起手棚看看西天的火烧云，绝望地摇摇头：明天又是个大晴天。

到了下半年呢，冬雨加冬雪，动不动还赠送一个倒春寒——唉，又是一个烂冬。

里白岩地无三尺平，田少人多，哪怕风调雨顺的年头，年底也是要吃救济粮的。碰上这样的灾年，更是雪上加霜。村里已经有人家开始断炊，男劳力四处打听门路，或去上三府修马路，或去福建伐木解板，女人们则托关系进城做保姆，反正在饿得走不动之前，趁早寻条活人的路。

再道偷谷，既是意料之外：想不到老实如萝卜的再道会干出偷谷这么惊天动地的事来；但也在情理之中：他家八个娃，最大的十二岁，最小的还不到一岁，再道和再道老婆都出不了门，不偷咋办？

再道萝卜是全村出了名的老实头，见谁都是唯唯诺诺的；再道老婆却泼辣刚强，且眼光高远。这几年几乎一年一个连着下崽，她的理论是，多一个崽，就多一份盼头，万一有个出山的呢？全然不顾当下的窘境。

生产队队屋稻谷不翼而飞，里白岩顿时炸开了锅，这可是好不容易从旱老虎嘴里抢回来的口粮啊，哪个天杀的干的，岂不是从我们嘴上夺食吗？

案子马上报到了公社，公社立马报了公安。在阶级斗争的风口浪尖，竟然出了这样破坏生产的反革命事件，这还了得？三个公安第二天一早就赶到了里白岩。

人家公安毕竟有经验，分析说，一担谷这么大的目标，破坏分子一定离队屋不远，于是把队屋附近的嫌疑人统统关到大队屋审问。

“这哪是什么问，光是打。”百达哥事后在祠堂门口说，“没问上三句话，公安的三节头电筒就劈头盖脸招呼过来了。当时我巴不得就是那个偷谷贼，一招了之……”

公安忙了大半天，案件停滞不前，只好扩大搜查范围，当晚向锄头岗“山厂”一带侦查。

三个公安进入再道萝卜家，一顿乱翻，毫无所获。正当失望欲离开之际，领头的那个老公安说：“走，上他家茅房看看去！”

茅房里摆着三只粪桶，上面盖着稻草。老公安一把掀了稻草，三桶稻谷赫然现形。

再道萝卜、再道老婆领着八个娃，齐刷刷地向着何书记跪了下去……

其实，老公安一踏进再道萝卜家就锁定了目标。在他看来，再道萝卜这样的老实头，哪有什么资格做贼？他那老实的目光早早泄露了一切。

公社要定再道萝卜为“现行反革命”，大队何书记死活不同意，苦苦讨保：“你把再道抓进去了，他倒反正有地方管饭，可把他八个娃丢给大队，叫我们大队怎么办？”

公社干部一听也有理，撂下一句话：“那你们自己看着办吧。”

何书记要的就是这句话。他扣了再道萝卜两个月工分，这事也算是过去了。我不知道的是，再道萝卜一家，在这样的灾年，又被扣了两个月的工分，这个年终究有没有过去。

从饥饿时代过来的人，最见不得剩菜剩饭。平时见女儿吃一半剩一半的，好脾气如我也忍不住斥责：“这些饭菜摆到餐桌上，包含着多少过程、多少汗水、多少劳动啊，你对劳动得有一点起码的尊重！”

女儿横了我的肚子一眼："你就是对劳动太尊重了吧？"

年轻人哪，千万不要好了伤疤忘了疼，那个饥饿时代过去也才几十年！

兰江的夏天

前几天整理库房，翻出一个黑色小提包，那是老爸的遗物，上面印着兰江大桥的图案和兰江大桥通车纪念的字样，我的思绪一下子飞到了1974年夏天。

那年，在兰溪造桥的老爸来信说，工地上又有敲石子的活儿了。老妈自然不会放过挣钱良机，于是带上正值暑假的我，同去兰溪。

我们在新回线牛屎岭站上车，经新昌、嵊县来到义乌。外面的世界对我这个山里孩子似乎并不友好，马上给了我一个下马威，一路上我吐得一塌糊涂。

在义乌火车站，我第一次看到了火车和番茄。是的，番茄，当时一个盲人正咬着一个硕大鲜红的东西，我想，盲人吃得，大约我也是吃得的，就央老妈买了一个。满怀期待一口咬下去，我呸，什么怪味！

现在，且不说番茄，诸如香菜、麻椒、榴莲等一开始深恶痛绝的怪味道，我都统统不在话下。当年那个连番茄都接受不了的山里孩子，开始融入大千世界了。

到兰溪县城已是傍晚，但见大街道宽阔，屋舍俨然，那气象直甩老家县城几条街。资料表明，兰溪乃通衢之地，铁路、水路、公路三路齐备，工业经济底子一直相对雄厚，是浙江第一个县级市。

大街两头有两幢高楼，东边的这幢挂着工人民兵指挥部的牌子；西边那幢是新近建成的兰溪最高建筑——兰江饭店。再往西就是兰江城的古城墙了，穿过城墙洞，一座2里多长的浮桥连接着溪西公社。我老爸他们的任务就是建造一座大型公路桥，取浮桥而代之，毕竟都20世纪70年代了。

老爸他们的驻地在兰溪县工人文化宫。里面有一个带假山的水池，一个大会堂兼电影院，《兰溪工人文艺》（四开小报）编辑部也设在这里。哈，这地简直像是为我量身定制的。

每个周六对我来说都是节日，既可混一场电影看，又能领回一张小报慢慢消受。这是我人生中第一次接触报纸，现在想来，我日后吃上报纸这碗饭可能与此不无关系，真可谓“冥冥之中老天自有安排”。

待了几天，对周边环境慢慢熟了，我把阅读空间拓展到了街边的图书摊，那里有一摞摞看不完的连环画，《山乡巨变》《平原游击队》《野火春风斗古城》……简直像打开了潘多拉魔盒。

可很快，我发现有一个地方更刺激、更带劲，那就是我爸单位食堂，吸引我的不单单是和里白岩的番薯、六谷有天壤之别的饭菜，还有食堂四壁铺天盖地的大字报！

大字报看多了，发现一个套路：一上来揭发某人某事，然后深挖其根源动机、幕后黑手，最后上纲上线，将其“打倒在地，再踏上一只脚”。

比如这张大字报，批的是工程处的龚工，有人看到他家里挂着一幅字：“淡泊明志，宁静致远。”于是大字报批道：“当前，‘批林批孔’运动轰轰烈烈，如火如荼，龚某某，你想事不关己高高挂起吗？你想冷眼旁观、冷嘲热讽吗？龚某某，你想明什么志，致什么远，是明‘克己复礼’的志，致资本主义的远吗？！告诉你，司马昭之心路人皆知，你和林彪、孔老二一伙妄图复辟，开历史倒车，我们工人阶级一千个不答应！一万个不答应！”

大字报看多了，落下一个病："大字报后遗症"。此后我写文章，常常写着写着，调门不知不觉就高上去了，有段时间学界反思"喝狼奶长大的一代"，我深以为然。

兰溪一月，我经历了人生太多的"第一次"：第一次看到报纸，第一次吃到冷饮，写下了第一首诗：《少年英雄潘冬子》。所谓诗，其实就是十几行顺口溜，每行都以"子"字结尾，记得当时很是自得了一番。

兰溪一月，我感觉自己骤然长大了很多很多。

一个月时间很快到了，我要回里白岩上学去。老爸早早打听到单位要发车去宁波拉货，正好路过新昌，便从食堂多打了几个菜，请司机吃饭。那时候的司机可牛了，掌握着"先进生产力"呢。

许是被城里的风吹了一个月，许是车斗开敞通风，这回我居然没有吐。

回到里白岩时，看到我弟正在龙山头玩耍，跟个泥猴子似的，内心竟然涌出一种异样的感觉：同情。可能下意识里我把自己当城里人了。

其后还有两个暑假，我去过老爸的工地，一个是宁波北仑港引桥，另一个是上虞章镇大桥。章镇大桥其实算不上大，却是中国第一座斜拉索大桥。就这么一座不到两公里的桥，造了炸，炸了造，足足造了七八年。不像现在，被称为"基建狂魔"的中国工人，造桥简直像变魔术，眨眼就是一座，眨眼就是一座。这不，杭台高铁的隧道都钻进大岩岗的肚子里了。

广播里的世界

那时候，有线广播是里白岩人家唯一的家电。

不过，里白岩人基本上是把广播当闹钟用：广播都响了，还不快起来；广播都来了，好烧晚饭了；广播都熄了，困觉去来……再就是听听气象消息，不过那时候气象预报准头欠佳，往往成为第二天社员们在田畈地头的笑柄。和社员们比起来，我是广播的忠实听众，如果哪一天广播坏了，我就跟现在忘带手机似的，魂都没了。

我听得最认真的是《新闻和报纸摘要》节目,相当于今天的《新闻联播》，里面全是国内外的大事要事。那时候大事特别多，比如张铁生考试交白卷成了英雄；黄帅造反成了典型；河北小靳庄的社员举行田间赛诗会；庄稼长得格外欢实，当年夺得了大丰收……

那时候的社论也奇怪：翻来覆去论证“走资派”就在内部，就在身边。我纳闷，既然知道“走资派”在哪儿，直接揪出来不就完了，用得着天天含沙射影跟全国人民打哑谜吗?

那时候的歌曲也奇怪：无产阶级“文化大革命”，就是好来就是好就是好！好像跟谁吵架似的，有点强词夺理，又有点自我壮胆的意思。

1976 年秋天，一个寻常的午后，放学后我照例挎着竹篮去拔草，突然，广播还没到点就响了，我手里的竹篮啪的一声掉到了地上：毛主席逝世了。

其实进入1976年以来，就陆续有一些不祥之兆。先是连日暴雪，里白岩的竹山倒了大半，接着周总理走了，不久又发生了举世震惊的唐山大地震，这一切仿佛是前奏和铺垫，今天，毛主席他老人家也走了……

澄潭·澄潭

大岩岗、马鞍山之间的细流，潺潺而下，汇入澄潭江。

澄潭江在群山间冲出了一小块河谷盆地，那里早早通了电灯，通了马路，马路上奔跑着汽车……山里人见识浅，就按洋油洋火洋肥皂的叫法，管山下这片小盆地叫“洋下头”。

澄潭镇位于澄潭江、苍岩江两江交汇处，盆地也就更为开阔一些，在“百里岩疆、民贫地瘠”的新昌，实属罕见的“丰地乐土”，在宋大学士王祖洽眼里，不啻是世外桃源，并作诗咏曰：“卜筑澄潭远市朝，个中风景最堪描。溪云带雨来茆屋，涧水溪花出石桥。绿遍汀洲牛腹肥，青归麦陇雉声娇。东邻西舍多相似，半是渔人半是樵。”

澄潭还是王羲之后代、宋末宰相王爚的故里，据传他辞官回乡，为娱双亲建造了规模宏大的东花园、西花园。花园以松花石（当地一种硅化木）为材料，搭建了曲水流觞诸景。如今花园已湮，地名尚存。以一千多块石板铺就的澄潭老街也拜他所赐。

除了得天独厚的地形，澄潭的地理位置更是一时无双，它左邻新昌城关，右傍嵊县县城，是新嵊两地人流、物流交流的一大“旋涡”，故此早早形成了“逢三一小集，逢九一大集”的固定集市。蚕茧上市之日，更是“辄开不夜之市”。当年的繁华景象，从街上留存至今的“蚕行巷”“猪行巷”“糠行巷”“酒行巷”等地名中也可想见一二。

到了我们这一代，古镇业已凋零式微，一条三五尺宽、百把米长的石板街终日冷冷清清，沿街商铺也是门可罗雀。

镇上稍微像样一点的建筑，一为澄潭粮管所，二为澄潭中学，三为澄潭丝厂。澄潭江两岸的沙地最宜种桑，出产的蚕丝有“越地一等”之誉,澄潭丝厂高耸的烟囱似乎默默诉说着昔日的辉煌。

澄潭中学的前身大约是一座庙，学校中央彼时还保留着一座大殿，周边横七竖八的厢房则被改造成了学生宿舍、教工宿舍、食堂、厕所等，皆为砖瓦结构。余则推平作了操场。操场边是新建的一栋三层水泥洋楼，是唯一的现代建筑，我们 78（1）班的教室就在二楼。

当时我就想，原来这该是多大的一座庙呀！

和教室比起来，我们的宿舍、食堂可就寒酸多了。所谓食堂，就是一大蒸笼，学校将放好米的洋铁盒子和放好干菜的瓷缸子往蒸笼里一塞，开饭时让学生再拿到宿舍“享用”。所谓宿舍，不过是楼板上铺上稻草，再垫上自带的草席，这就是一张床了，三十多个男生就这样挤挤挨挨挤在一个大通铺里。

我絮絮叨叨这么多，其实并没有忆苦思甜的意思。事实上，彼时我并没有觉得苦，反而是乐多一些。毕竟澄潭中学还有操场，可以打篮球，还有西花园水库，可以游泳；还有老街，偶尔可以去买根油条打打牙祭……比起里白岩的下祠堂，何苦之有？

可里白岩还是要回的，周六下午放学，我们红星公社的同学就组队回家，补充下一周的米粮。那是三十多里的山路，坑深岭陡，不过“青春作伴好还乡”，大家一路说说笑笑，打打闹闹，不知不觉也就到了。

前几天我回乡喝喜酒，路过澄潭，映入眼帘的首先是一块“宰相故里、千年古镇”的大牌牌。原先我就读的澄潭中学改成了一所初中——沃西中学。澄潭中学几年前在不远处易地新建，规模宏大，屋舍巍峨，俨然一座新城。据说现在的澄潭中学以校风严谨而闻名，师生几近全年无休，当然，高考成绩也十分亮眼。我不禁向学弟学妹们投去了意味深长的一瞥……

人生本来就没有本来

我们 78（1）班有三十来个学生，分别来自澄潭区下辖的红星、灵川、遁山、梅渚、澄潭几个公社。那一届高中生共有六个班，我们（1）班叫尖子班，（2）班为重点班，余下的就是普通班了，难得入老师法眼的。

恢复高考后，澄潭等中学一炮打响，一个姓许的同学考进了北京大学，许同学很厉害，高考前就是全国物理竞赛一等奖得主。其余余也收获颇丰，光大连舰艇学院就录取了两个，大专、中专也录取了几个，澄潭中学一时名动全县。

接下来，再创辉煌的担子无疑落到了我们这个尖子班身上。那是个“学好数理化，走遍天下都不怕”的年代，所以数理化老师表现得格外起劲，他们弄来了全国各地奇奇怪怪的考试和竞赛卷子，我们基本上是一周一考试，一月一竞赛。

可学习再紧张，下午放学西花园水库是必去的，晚上八点半是必熄灯的，一周半天的劳动也是免不了的。我们去澄潭江边挑沙捡石，扛回来支援学校的“基本建设”——为迎接更多的学生，学校正在大兴土木。

和现在争分夺秒的学弟学妹们比起来，我们“散漫”的校园生活简直可以用奢侈来形容。

我们班上有五个“居民户口”，其中两个还是“高干子女”，一个是区委书记的女儿，一个是我们学校党总支书记的女儿。那时候，男女同学之间是不说话的，对于“高干子女”，我也只是看看，心里却是得意的：哈，今天终于和你们平起平坐了！除了她们用饭菜票吃食堂，我们自己蒸饭蒸菜外，其他并无区别，而且，我们几个“山里头”的成绩似乎还要好些。发现这一点后，原先若有若无的自卑感立马消失了。毕竟在学校，比的是成绩，而不是饭菜票。

和我小学、初中清一色的本土老师不同，澄潭中学的老师来自五湖四海，南腔北调，其中不乏高人，比如谢校长，宁波人，毕业于清华大学；比如带出过全国化学竞赛二等奖学生的张老师，台州人，毕业于浙江大学；比如宿舍传达室的这位，小屋里堆满了与航天航空、兵器知识、舰艇与造船等相关的一摞摞杂志。我不知道他是何方神圣，为什么来到这里，他倒是每日气定神闲，一派风轻云淡。在那个动荡的年代，“神圣们”一不小心就跌入这个“世外桃源”来了。真不知是幸还是不幸。

在里白岩小学和初中，我是当仁不让的“拿摩温”，到了澄潭中学尖子班，才知道山外有山，天外有天。班上有那么几个同学，我花了九牛二虎之力才解出的数理化题目，他们往往一眼就能洞穿。

这时候我才对自己有了重新认识。

但对语文我还是自信的。我们的语文老师姓王，上海人，据说是杭大中文系毕业的。我对他不太感冒，主要是我不觉得语文课有什么好上的，多看看小说不就完了吗？

于是语文课我基本埋头看小说，看杂志。

开禁是那时候的主旋律，不光是老戏、老电影、老歌曲，更多20世纪50年代的书开禁了，更多20世纪三四十年代的书也开禁了，紧接着，更多五花八门、五颜六色的杂志开闸了：《大众电影》《文化娱乐》《北京文学》……潮水般地涌来。《北京文学》是我的最爱，尤其是王蒙的意识流小说，《风筝飘带》《夜的眼》，看得我满口生津，享受。

然而，彼时文学的主要任务不是提供享受，而是反思。在中国巨变前夜，文学承担起开路先锋的角色，《伤痕》《班主任》《乔厂长上任》等作品，以政治尖兵的形象，反思“文革”和极左，倡导人性和常识。文学一时大热，盖因其与时代和人心形成了同频共振。

一眨眼到了高二，眼看要文理分班了。我虽然语文突出些，但数理化也不弱，于是沿着惯性和惰性，就没有去文科班。为此，至今还有同学和同事替我扼腕，其实也没有什么好后悔的，现在这样的小日子挺好。何况认识自己本来就不是那么容易的一件事。倒是对当时的语文老师兼班主任偶有腹诽，关键时刻没能指点一二。

罢罢罢，人生本来就没有本来。

忽一日，遇到一开饭店的同学，说起当年考入北京大学轰动全县的许同学，前不久回了一趟澄潭老家。你道他怎么着，谁的饭也不吃，自己给自己做个青菜汤，不带一点油腥，那锅是洗了又洗，洗了又洗。据说他早已皈依佛门。开饭店的同学追着我问，这样的人生有意思吗？有意思吗？

我说不上来，只是暗忖：什么样的人生才有意思呢？

难忘的操场联欢会

不知道这叫什么定律，反正年纪越大，时间过得越快，姑且称之为“年龄时速相对论”吧。

这不，小学时天天盼着下课，盼着过年，日子漫漫，恨不得马上长大。现在倒好，刚刚进的澄潭中学，嗖的一下就到了高二，眼看着就要毕业，就要高考了。本着“教育要革命，学制要缩短”的“最高指示”，我们那时候是两年制初中，两年制高中，常常还没回过神来，中学时代嗖的一下就过去了。

社会上气氛明显宽松起来，虽然广播里还在喊“深入开展学大寨运动”，可有的大队已经悄悄盘算着分田了。镇上的集市业已恢复，逢着“赶交流”的日子，那真是街满巷塞，真不知道打哪儿一下子冒出这么多稀奇古怪的商品以及稀奇古怪口音的人。

学校的气氛却一天天紧张起来，先是取消了每周半天的义务劳动，接着西花园水库也渐渐去得少了，只是该死的灯还是在晚上八点半照熄不误。会来事的同学就在宿舍传达室那个“世外高人”那里“借光”，再磨蹭一两个小时。

知道高考对我们这些“农民户口”意味着什么吗？简直就是“生存或者死亡”的世纪大考。我的一个同学考了几年没考上，一时想不通喝了敌敌畏，幸亏抢救及时。

许是为了缓和一下校园的紧张气氛，许是为了联络学校和实习生们的感情，学校决定举办一场全校师生和实习生的联欢晚会。

实习生是指秋季开学前来校初中部实习的绍兴师专学生，共有二十多名。他们的到来，首先是令学校篮球场热闹了许多，他们很会玩球：胯下传球，空中接力，还会扣篮盖帽。真是帅呆了！

虽说是实习生，但看上去普遍有三十岁的样子了。七七届的大学生很特殊，很多都是“老三届”，插过队，支过工，恢复高考才幸运地再次走进校园的。

是晚，篮球场上灯火通明，师生们黑压压地围成一个大圈，圈内就是舞台了。

实习生们显然是有备而来，家伙什带得挺齐，除了笛子、二胡、手风琴等“常规武器”，还有吉他、长号、萨克斯管等“陌生食料”。

晚会在一曲《北京喜讯到边寨》的器乐合奏中拉开序幕。这是我第一次现场听，不，是看器乐合奏，我的头跟拨浪鼓似的，一会儿高一会儿低，一会儿左一会儿右，一会儿看指挥一会儿看乐手，妈呀，真过瘾！

实习生队的压轴戏是男声四重唱《啊，朋友再见》。四个帅哥抱着吉他边弹边唱边跳，那场面真是醉人，我看到一旁的初中部学妹悄悄抹开了眼泪。

校方的节目出场了，同学们尖叫起来：“哇，孔老师！”

孔老师是我们的英语老师，据说毕业于南京大学英语系。他平日比较洋派，冬天一袭风衣，一条围巾加一顶鸭舌帽，春秋天气则是白衬衫加灯芯绒背带裤，总之很有艺术范儿。孔老师今天更加隆重，绛红色的西装搭配乳白色的领带、乳白色的西裤，头发梳得锃亮，鼻梁上架着一副金丝眼镜，他甫一亮相就引起了一阵骚动。

孔老师的演唱自始至终伴随着掌声、尖叫声和跺脚声，他一次次被主持节目的那个漂亮的女师范生请回到话筒前，从《赞歌》《乌苏里船歌》到《洞庭放歌》等，一口气唱了五首还下不了台，着实为校方队挣了一把脸。

后来到了电视时代，有一次我和一位同学恰好翻到蒋大为演唱会，我们俩脱口而出："孔老师！"

操场联欢会上，我莫名想起了多年前里白岩西塬晒场的那一晚，也是这样月白风清，月华如水，也是这样人人一反常态成了"人来疯"。这人哪，日子再艰难再紧张，总要找个出口吧。

不过高考在即，该紧张还得紧张，紧张的日子容易过，眨眼到了期末的一天，我们正在紧张地复习备考，忽然操场上传来一片哭声，我们连忙跑到走廊上，只见初中部的学弟学妹们围着实习老师哭作一团。当接实习老师的大巴车缓缓开出校门时，学弟学妹们依然哭着喊着追上去，追上去……

当时我就纳闷了，怎么教个书还把人教哭了呢？晚饭时间，我逮住一个学妹问究竟，她显然激动未平，一抽一搭地说："实习老师真是扑心扑肝对我们好啊，真舍不得他们走。"

很多年以后，我脑海里还会浮现出学生追老师的这一幕。也是从那一刻起，我对"爱"这个字有了更广义更深刻的理解。

人是一天天长大的吗？不，是一幕幕长大的——正是这些难忘的一幕幕，构成了你的全部人生。

高考前夕的那些日子

“开放开放，放进来一群蛤蟆！”老教师愤愤不平地说。他说的“蛤蟆”是古镇上那些披着长发、穿着花衬衫和喇叭裤、拎着砖头录音机、戴着“蛤蟆”太阳镜招摇过市的年轻人。

录音机里唱：“路边的野花你不要采。”蛤蟆镜们浪笑接唱：“不采白不采！”扬长而去，留下沿街一群错愕的看客。

老教师摇头叹息：“这世道，唉……”

20世纪70年代末至80年代初的世道，犹如一支快速旋转的万花筒：四个现代化，改革开放，翻两番，五讲四美三热爱，清除精神污染，自卫反击战，严打，西单民主墙，知青大返城，卑鄙是卑鄙者的通行证，高尚是高尚者的墓志铭……众声喧哗，五光十色，看得人头晕目眩。

事后，有外电评论说，正是在这短短的几年，邓小平把中国这样一艘无限复杂且巨无霸的航空母舰，平稳地在一枚硬币上转了一百八十度的弯。

同样是喇叭裤，我们盛老师居然能穿出高贵的感觉。高二上半学期，一位穿着格子衬衫和喇叭裤、披着长波浪的女士走进我们78（1）班的教室，同学们但觉眼睛一亮：这是老师吗？简直就是封面女郎！

盛老师单名一个春字。真是人如其名，她走到哪里，哪里就春风拂面；跟她坐在哪里，哪里就如坐春风。那学期，我们的英语成绩提高得特别快。

可惜，盛老师第二学期没能出现在我们教室，据说调到杭城去了。想想也是，小镇哪里留得住那样的“女神”呢？

其实，我们原先的张老师也很好。张老师对我好像格外关注，她关注的方式是不断点名让我站起来回答问题，一次次站起来，我的英语成绩也一次次提高，高考时我英语居然考了八十多分，以至于在大学班里做了英语课代表。大学的英语老师可能不习惯让学生站起来，于是我的英语成绩又跌到了原点。

大学暑期回家时，我去看过张老师一次，她是唯一一位我毕业后探望过的高中老师，可见她在我心里的位置。

可不久，就听说她儿子在“严打”中出事了，后来她写信给我，希望能帮助申诉。只是我一介书生，哪里帮得上忙哦。

高考前夕，我还干过一件至今想来十分可笑的事。众所周知，上一年也就是 1979 年，中美正式建交。可中美三个联合公报墨迹未干，美国就恢复了对台军售。我听了广播不禁义愤填膺，当即提笔致信美国驻华使馆，强烈抗议美帝国主义背信弃义、出尔反尔的可耻行径！落款是一名中国中学生。呵呵，可见书生意气的病根打那时候就落下了。

后来女儿她妈对我有个精辟的总结：你呀，跟你搭界的事能躲则躲、能推则推，高高挂起；跟你八竿子打不着的事，你上赶着往前凑，瞎起劲！

嗐！想想还真是这么回事。

大约是因为要高考了吧，从高二下半学期开始，家里每月给我五元饭菜钱。自此，我也可以隔三岔五去教工灶买个荤菜了，和山里头其他同学比起来，内心有点小嘚瑟。

一日，老爸的工友渔海叔叔来我家，管我爸叫“吴豆腐”。我问，我爸咋改绰号了？渔海叔叔说，你不知道啊，你爸为了给你一点菜钱改善营养，自己是顿顿豆腐：青菜豆腐、咸菜豆腐、凉拌豆腐……“吴豆腐”就这么叫开了。

2005年冬天，老爸已经不行了。半夜守着病床上骨瘦如柴的老爸，我泪水直往肚里咽。老爸生性老实敦厚，加上在抗美援朝时耳朵被震微聋，反应难免迟钝、木讷，在工地上就不太受人尊重，可能还时不时被人欺负。又在朝鲜的冰天雪地里冻伤了身子，落下个支气管炎的毛病，每逢阴雨天气，呼哧呼哧，喉咙里跟拉风箱似的。他平生就好一口酒，又叫老妈防贼似的管着……

可老爸倒是很乐观，一天到晚乐呵呵的，他说他一生最骄傲的是他第一个在里白岩脱掉草鞋穿上了胶鞋，两个儿子还算“出山”。另外，生病前他在我家小住过几日，一辈子也算住上过别墅，值了。

弥留之际，老爸喃喃自语：“咸菜豆腐好吃哦……”

这句话像子弹一样洞穿了我此后的岁月。

里白岩垂垂老矣

“丁零零零……”高考数学考场上，当“还有最后十五分钟”的提示铃响起时，我惊恐地发现最后一道大题还是一片空白。

此后，这串铃声时不时在我梦中尖锐响起，我看见我在“大寨田”种田，秧苗一插下就散，一插下就散，麻子队长在一旁好心道：“你来队里当会计吧，好歹是个高中生。”我高喊“不要不要”，这一使劲，才把自己喊醒了，醒过来发现全身都是汗……

高考是我们那一代人共同的噩梦。

不出所料，第一次高考我落榜了。

这一年，里白岩终于把田地都分下去了。当年，里白岩家家户户谷柜谷箩都装了个盆满钵满。年底，村里的年糕房日夜轰鸣，碾年糕的队伍排出几里路去。半道上，我遇到再道叔，对，就是当年那个“偷谷贼”，他担着两箩筐装得满满的年糕，恨恨地说：“老子今年吃它个撑！”不知道是说给谁听的。

高考之前，我把老爸的“接班顶职”让给了我弟。要跳出农门，只有华山一条路了，在里白岩灰头土脸混了一个暑假，又挑着原先的铺盖卷回到澄潭中学，加入了复读大军。

那时候复读并不丢人，复读四五年的也大有人在，何况我第一次高考成绩离分数线只有一分之差，可能只是差了点运气吧，这么一想，心也就平了。

复读这一年过得风轻云淡、稀里糊涂，第二次高考也是波澜不惊、木知木觉，倒是高考结束后等待公布分数那段时间有点煎熬，我自我估分一会儿信心爆棚，一会儿又心惊肉跳，每天心情犹如坐过山车，七上八下的。

为排解煎熬，那段时间，我日日在里白岩山间转悠，在大岩岗仰望星空，在倒脱靴俯听瀑声，直到我在倒脱靴古桥上碰到那个乡邮员……

21 世纪初，又是一个八月半，月华如水，月白风清，我照例回到里白岩过中秋节。夜很深了，我一个人坐在老家的晒台上发呆：都说百无一用是书生，都说我只关心八竿子打不着的事，从今天开始，我不能再对身边的苦难熟视无睹！

国民书记是我的发小，第二天一早我找到他，商量年底前把全村的露天厕所都清了，把全村的泥石路硬化了，把自来水也装上！钱，我们一起想办法。

回到单位后，我找了红十字会的领导，商议建立了里白岩扶贫专户，又平生第一次觍着个脸伸手讨钱——写信给相熟或不太熟的老板朋友，说明里白岩的情况和我的心愿，问他们能不能向红十字会专户里捐点钱："一万两万不嫌少，三万五万不怕多。"就这样"寒抖抖"募得了几十万元，我们自家又往里贴了一点。有了这笔启动资金，国民到乡上、县上争取补助口气就硬多了。

当年，里白岩改厕、改路、改水全面完成。我长吁了一口气：吾愿足矣！

这几年，赶上了"乡村振兴"的风口，城里通往东茗的公路正在拓宽，两侧不时闪过"云上茶乡，灵秀东茗"的牌牌，里白岩邻近的后岱山、下岩贝成了知名的网红村，每逢节假日游客似潮。

里白岩也有了一个全新的代称：星空小村。它是"东茗六看"招牌之一——白岩看星。村口倒脱靴上沿建起了观景台，台墙巍峨，华灯成排，很有气象。

可往村里走就不对劲了，房屋凋零，人迹稀少，越走越萧索，连村小店也是门可罗雀。祠堂门口倒还有几个人，照例蹲在墙根下"孵日头"，可定睛一看，个个须眉皆白。年轻人早已七七八八走得差不多了。

里白岩垂垂老矣！

只是心下纳闷：这个时候，上面的钱反而越掼越多了呢？

奶奶、大姑和老妈

当我紧追慢赶赶到里白岩时，奶奶已经入土了。可怜我连最后一面都没能见上，这成了终生憾事。

彼时我正在余杭参加一个什么会议，当里白岩的电话打到绍兴，绍兴打到余杭，七转八转找到我时，已经是三天之后了，唉！

小时候，爸妈兜兜转转都在各地的造桥工地，我和我弟是跟着奶奶长大的。奶奶是那种典型的农村妇女，淳朴，善良，勤劳。爷爷走得早，儿子、儿媳又不在身边，她颠着一双小脚，日日夜夜忙里忙外，愣是把我们兄弟俩拉扯大，没让我们受过一丝委屈。

我家没劳力，人口少，自留地也少。可就那么几分自留地，奶奶像绣花似的，整得沟是沟，垄是垄，连土疙瘩都跟筛过似的，瓜果蔬菜常年不断，大白菜年年总要腌上几大缸。每年冬天踩腌菜是我们两兄弟最快乐的时光，至今似乎还记得小脚啪啪踩在大白菜上的快感。

奶奶常说："不会打算一世穷。"我家的自留地一年到头一刻也没有空闲，间作套种立体种，一分地当作两分种。当然，种得最多的是番薯，番薯产量高，顶饿，一季番薯半年粮嘛。

在那个饥饿的时代，她总能变出花样来让我们开心。比如番薯吧，就能变出无穷花样，冬天火盆上的烤番薯，过年时加了橘皮、芝麻的炒番薯片，"亮眼汤""番薯皮肚"则是平时的细菜，还有番薯干、番薯馃等，饱满着我们的零食口袋。整个孩提时代，我们兄弟俩一点也不觉得比同伴快乐少，尽管父母不在身边。

印象最深的一次是种田时节，有邻居捉来了泥鳅，她得知后放下老脸，一家家讨过去，讨来了一碗泥鳅，只为了让我们尝一口腥。

那一天我暗暗发誓，长大了一定好好孝敬奶奶。

得知我要上高中了，奶奶颠着一双小脚，去供销合作社扯了一身“的确良”，给我做了一件的确良衬衫。别看她大字不识一个，每天不是忙灶台就是忙地头，其实对我读书的事上心着呢，早早就备下了钱和布票，只为不让“洋下头”的同学看不起我。

工作后第一次回家，我给奶奶买了一些柿饼和麻饼，我实在不知道她喜欢吃什么，印象中有一次大姑来家，送了一些柿饼和麻饼，她好像还喜欢的样子。

奶奶后来眼睛几乎看不见了，我说：“我陪你去城里看看吧。”一开始她习惯性地推辞，过一会儿才说：“好吧，我还想看你们两个讨老婆生孩子呢。”

可是这一切奶奶都没看到，我也没来得及陪她去城里看眼睛，她只吃了我的几个柿饼、麻饼就走了。“子欲养而亲不待”，人生至痛莫过于此！

后来我对大姑很好，大姑和奶奶实在是像：相貌像，脾性像，说话的口气也像。

大姑嫁到离里白岩十里开外的后金山，小时候，每逢暑寒假，我们兄弟俩都会去“做客人”，大姑都会拿出家里最好的东西招待我们，点心一般是炒年糕，扒去上面的尖儿，下面埋着大半碗肉。

记得我第一次高考考完，挑着铺盖行李回家，大姑不知如何打听到了，早早等在泄下岭下，见到我就抢过担子。到了她家里，发现她居然为我杀了一只鸡！吃饭时，她一次次把鸡腿往我碗里夹，我客气推辞，大姑坚决地说：“我就是喜欢看着你吃！”

这句话温暖了我一辈子。

现在，我可怜的老妈因脑梗死、糖尿病综合征躺在医院的病床上，几近植物人，我们去看她，她也没什么反应，只有逗她说“我们去里白岩好不好”，她才“啊”的一声，一副要哭出来的样子……

让我再看你一眼

遥看大岩岗，酷肖伟人像。你看，那高高的额头，气派的大背头，富态的双下巴，连眼睫毛也清晰可见，那是岩隙间倔强探出的几株古松。

这样一颗伟大的头颅贴在淡蓝的苍穹下，简直就是一张立等可取的百元大钞。可惜那时候里白岩人没人见过百元大钞，他们眼里的大钞就是“大团结”。所以头顶着“百元大钞”的里白岩依旧日复一日地一贫如洗。

在等待高考放榜的煎熬日子里，我鬼使神差地订了一份《北京日报》，可能那代表了一个山里少年对外面世界的向往吧。结果《北京日报》让我大失所望，不愿再读。倒是老爸给我买的收音机为我打开了一个全新的世界。我最爱听的是侯宝林的相声和王小毛的上海滑稽戏，常常捧着匣子一个人傻乐，以对抗等待高考成绩揭晓的漫长煎熬。

彼时，里白岩的田地已经全部分了下去，全村的老老小小发了疯地和土疙瘩较劲，企图多刨出哪怕一粒稻谷。见我这个样子，奶奶忧心忡忡，老妈愁容满面：要是考不上，这孩子可怎么办哦！倒是老爸比较淡定，满村子打哈哈：“儿孙自有儿孙福。”不知道是开导亲友还是安慰自己。

好在不久我就在龙潭岭遇上了那个乡邮员，全家的天空一下明亮了。我摩挲着盖着浙江农业大学鲜红公章的录取通知书，看了一遍又一遍。奶奶、老妈一扫此前压抑的愁容，笑逐颜开，高声大气地张罗着招待前来道贺的邻居亲友。麻子队长也来了，语气有点怪怪的："看来阿谦这个生产队会计是当不成了。这大学好是好，可惜脱不了一个'农'字。"

"'农'字怎么了，至少跟工作组的钱副组长一样，是吃公家米饭的工作同志！"老妈一向泼辣，毫不客气地将麻子队长顶了回去。

老爸 1980 年退休了。此刻忙着写信将这一喜讯告诉单位要好的工友。其实我知道他主要是想通过要好的工友转告不太要好的工友，一吐多年的憋屈。

老妈吩咐："赶紧给千家写信，让我阿弟阿妹也高兴高兴！"

我也写了几封信，第一封信写给在乔司的外公。地主成分的外公前些时候因莫须有的罪名被判入狱。整个高中阶段他都跟我通信。这个未曾谋面的老头写得一手好字，语言半文半白，除了为我打气加油，偶尔还会语焉不详地议论几句时政。对了，他也喜欢王蒙和汪曾祺。

同样是农民，差别咋那么大呢？这真是一个神秘、神奇的老头！

接下来几天的日程就是"奔走相告"。这一年澄潭中学高考大面积丰收，单我们复习班就考上了十一个，包括几个大专、中专。考得好的有浙江大学、杭州大学、重庆大学、浙江师范大学、绍兴师专等。我也不算差，好歹也是本科。其实我的分数和考上浙大的阿刚只差一分，我的高考分其实是过了当年浙大的录取分数线的，可能是我数学分不到的缘故吧。

后来我才知道，当年我的高考分数是浙农大最高的，班上同学为我惋惜，说我志愿没填好。因为体检色弱，根据当年的招生规定，作为理科生我的选择面很窄，只有数学系、理论力学系和农业机械系三个选项。怪不得我大学班上一半多的同学不是色盲就是色弱。

几个考上的同学相约着去医院看望阿丁。阿丁没考好，一时想不通喝了敌敌畏。抢救过来后我们都骂他：堂堂男子汉，怎么这么不争气！

其实后来阿丁还是争气的，第二年就考上县公安局当了一名警察，毕竟是尖子班的人嘛。后来一直做到了县公安局副局长，在县上很混得开。不知不觉成了同学的“中转驿站”，外面的同学回乡过年或者清明上坟，都是阿丁张罗安排饭局，安排车。两个考上警校的同学还成了他的手下。

临行前，和村里要好的小伙伴相约爬了一次大岩岗，阿正、阿章、阿来和我等几个山里少年齐刷刷地挂在大岩岗的绝壁上，至今想来还有点后怕，可当时却浑然不觉。

如果可以为这段历史默片配点背景音乐的话，我会选择郭峰的这首——

在分离的那一瞬间
让我轻轻说声再见
心中虽有万语千言
也不能表达我的情感
在这短短的一瞬间

让我再看你一眼
不知何时才能相见
不知何时回到你身边
让我再看你一眼
看你那流满泪水的脸
让我再看你一眼
我要把你记在心间
在这短短的一瞬间
让我再看你一眼
不知何时才能相见
不知何时回到你身边
让我再看你一眼
看你那流满泪水的脸……

股市总是眷顾新“韭菜”

我知道，告别的不只是里白岩，更是一个时代。

临别前夜，阿正、阿灿等要好的几个小伙伴来到我家，还有后岱山的阿早也专程来为我送行。几个后生就着家酿米酒，喝到大半夜，一个个喝得七扭八歪。

很多年之后，往事历历如昨，但早已物是人非。

阿正从小学、初中、高中一直都是我的同班同学和竞争对手，成绩稳居第二，有一年还“篡位”夺了我多年的班长之位。于是我俩就有点面和心不和。可能更多的是他心里较着劲吧。阿正早早没了爹，家境比一般同学更贫寒清苦，所以干什么都憋着一股劲。他妹妹阿燕也是。

我考上浙农大的第二年，阿正考上了交通中专，毕业后被分配在新昌汽车站。不久就结了婚，老婆是县百货公司的，那时他们家可吃香了，家里常常挤满了人，有想托买车票的，有想搞自行车票的，有想买打折处理的尾货的，正月里村里人家请吃饭，阿正“吃饭档期”往往要排到正月十五以后。阿燕毕业后被分配到乡中心小学当老师，并且很快成了乡长夫人。啊啊，这是什么光景，当然是里白岩说一不二的头一份。

阿正阿燕家就住在祠堂门口边上，每日里只见阿正妈对着围着的一堆人眉飞色舞地发布着什么。

讲真话，我内心是欣慰开心的。虽然他家风光盖过了我家，但毕竟同为读书人家，平日多有走动。更因为他们家乡长同志和我有共同语言——打“包红心”（打牌的一种）。乡长同志出发前就会往我们村小店打电话约我：“今天在不在里白岩？晚上不见不散哦！”牌桌上，我揶揄道：“乡长大人，你这是看丈母娘来了，还是惦记我兜里的钱了？”

又过了几年，我回里白岩过年就见不着乡长的踪影了。听说一次台风夜，王县长突击检查，发现乡长不在。一查，在乡卫生院打牌呢！王县长勃然大怒，当即口头撸去了乡长的乌纱帽，后来听说乡长被调至澄潭区司法所做了一名司法助理。唉，想当年何乡长可是全县最年轻的正科级干部，赶上干部年轻化、专业化的浪潮，他从法律学校一毕业就以“第三梯队”的名义当上了乡长。连绍兴地区的专员见了他都拍拍他的肩膀说：“年轻人好好干，前途无量！”

他自己也雄心勃勃想干出一番名堂，想不到一夜之间就成了一名“阿办”。

年轻的何助理哪经得起这番折腾。其时刚好股市兴起，他罗罗刮刮、借借凑凑一头扎进了股市，准备在这一片全新的天地续写自己的人生传奇。

股市总是眷顾新“韭菜”，短短几个月何助理的账户就翻倍了，坊间甚至有了“何股神”的传言。

何股神却一点也不开心，他觉得自己的本金太小了。一万元的本金翻倍又能如何？一想起上海的“杨百万”他就羞于启齿，难道我堂堂一个大专生还干不过一个快退休的老头？“他娘的，怕个屁！无产者失去的是锁链，得到的是全世界，一个字，就是‘干’！”于是他借着“股神”的名头在亲朋好友间高息融资，拿着30万元本金信心满满地一头扎进了股海。

后来嘛，你懂的，很快何助理就赔了个底朝天。

丈母娘家也不敢来了，因为里白岩也有他的债主。可怜的里白岩人，借给他的钱可是一片片茶叶摘下来、一毛两毛毛票凑起来的呀！

祸不单行，阿正工作才两年，忽然一病不起，死了；听人说阿燕也离婚了。祠堂门口整日里回荡着阿正娘深深长长的叹气声。那日我遇见，也不知道怎么说安慰话，只好陪着她叹了好一会儿气……

此后我一直没有见过“何股神”，也不知道他怎么样了。他人是个好人，也聪明，许是在他心智尚未成熟的时候，过早把他放到乡长的位置，将他的人生压变形了吧。

唉，人生是咋回事，谁又说得清呢？

里白岩的枪声

其实我最要好的小伙伴是阿灿。

阿灿读书不怎么样，打柴、割草、掏鸟窝、打仗可是一把好手——那时候全民皆兵，我们是红小兵，隔三岔五就要去倒脱靴抓特务，去锄头冈挖战壕，去西塬晒场搞匍匐前进演习，等等。如果说在学校我是大家默认的领袖，那么放了学这领袖就是阿灿了。

说起来惭愧，我不是“红一方面军司令”嘛，可是软绵绵的手无缚鸡之力，好比是庙里的“白面菩萨”，好在有凶神恶煞的阿灿等“众将官”罩着。阿灿不但彪悍蛮狠，手还灵巧，“方面军”里的红缨枪、大刀片和弹珠手枪都是他做的。后来我的戏匣子不知怎的不响了。阿灿三下五除二拆散，又不管三七二十一装上，响了！

就这么一个威风凛凛的人物，却吃过无法反抗的哑巴亏。

那年他第一次进城，当时城里最高最漂亮的建筑是新昌饭店。阿灿敞着怀昂首阔步走进去，服务员见状阻拦，阿灿“啪”地将一张五元大钞拍在桌上，点了一份猪头肉和一瓶“枪毙烧”，一个人架着二郎腿吃了一个下午。回家后阿灿爹问：“卖茶叶的钱呢？”“吃了！”阿灿头一甩。“吃了？老子今天吃了你！”阿灿爹更彪，抬手就是一个大耳刮子。这还不罢休，找了根麻绳把阿灿吊起来打：“枪毙鬼，叫你吃，高炮鬼，打死你！这可是全家半年的粮啊！”打得兴起，还唱上了：“我手执钢鞭将你打，打打打啊……”

阿灿爹年轻时在绍兴一带打过工，平日会哼几句绍剧，说话也是“夯格老倌、哈拉哈拉”的，走路爱仰着个头，不太瞧得起一辈子没出过里白岩的同伴们。

那一晚，半个里白岩都听到了阿灿的号叫。老人们说，那声音跟狗头熊（狼）一样。

那一夜，阿灿一边号一边暗忖："老子好歹也在新昌饭店吃过东西，好歹做过人了，他娘的，不冤！"并暗自发誓：一定要出人头地。

阿灿出人头地的第一步，是造了一杆枪！

那真是一杆好枪，锃亮的枪管，乌桕木做的枪托新上了桐油，散发着一股奇怪的味道。子弹有时是铁砂，有时是钢珠，阿灿装了火药，在祠堂门口试枪。"轰"的一声，开小店的文婶家的大公鸡当场一命呜呼。

从此，矮小的阿灿一下子蹿高了一头。从此他也不下地正经干活了，每日扛着枪上大岩岗打雉鸡，打野兔，时有收获。打不着时，就折几株村人的笋，拔几丛花生，掰几捧玉米，挂在枪管上，大摇大摆地走到祠堂门口，像个兵油子一样立定，然后朝天开骂："他娘的，谁惹老子试试，老子正想试试枪呢！"

这会儿，杀猪的阿林和他的新媳妇刚好打山里回来，阿灿一把拉住小媳妇："好俊的小媳妇，借小哥哥用用可好？"小媳妇用力一挣跑了，阿林也跟着跑了，连头也不敢回。

阿林虽说是个杀猪佬，平时闷声不响，三棍子打不出一个屁来，是个出了名的老实头和窝囊废，真不知道他是咋杀猪的。脸上又七窍八孔跟个老饭瓜似的。偏偏这么一个"人才"，却从邻村娶了一个如花似玉的小媳妇。

阿灿早就惦记上小媳妇了："他娘的，这不是暴殄天物吗？老天眼瞎！"

当天晚上，阿灿就摸到阿林家，要替天开眼。当他扒拉开小媳妇的衣服时，只觉得背上一辣，阿林的杀猪刀捅了过来。“你眼屁东西也敢造我？”阿灿勃然大怒，忍着痛操起一旁的枪，枪抵着阿林肚子就是一枪……

这就是轰动一时的“7·16里白岩杀人案”。阿灿还没逃出县就被公安逮住了。

案子到了绍兴中院，阿灿娘找到已到绍兴日报社工作的我，说看在我和阿灿小时候的情分上，能不能说上几句话。我哭笑不得，你以为我是市委书记啊，就是市委书记，估计这事也没辙。

阿灿出事那年，已经三十好几了，还没说上一个媳妇。清明节我照例回里白岩上坟，阿灿的新坟就在村边，我听到阿灿娘哭坟跟唱越剧似的：“实指望大红花轿抬到家，谁知道素衣白缟来吊孝，怪只怪你爹娘无能少银两，儿啊你只好舞刀弄枪自己抢……”

阿灿爹已经有些疯疯癫癫，不管在屋里还是在坟地，翻来覆去只有这么一句：“我手执钢鞭将你打，打打打——”

阿灿走的时候，他最小的弟弟米灿才三岁。想不到这个“末朵货”却是个贵子，后来考上了大学，当上了县府办副主任。阿灿爹八十大寿那天，米灿带老头子去北京旅游，坐了飞机，还去故宫看了皇帝的金銮殿。阿灿爹逢人就说:“他娘的，这辈子也算做过人了，值了！”

那天米灿请我吃饭，不免聊到阿灿。我说：“阿灿的悲剧是一个时代的悲剧，怪只怪阿灿比你大得太多，不然，以你哥的巧劲，即便不能像你一样当上县府办副主任，至少也会是一个优秀的技师和工匠。”

风华正茂的米副主任频频点头：“所谓穷凶极恶，中国人所有的毛病和悲剧都可以归结为一个字——穷。我们这一代的责任就是彻底拔掉穷根！”

阿早激情燃烧的岁月

那晚来送行的还有一个外村人，后岱山的阿早。

在小伙伴中，阿早是一个特别的存在。

阿早总是穿一件洗得发白的中山装，兜里插着两支钢笔，一只洗得发白的军用挎包形影不离，里面装着小镜子、小梳子和手帕之类，没事就掏出小镜子照一下，将他的小分头梳得一丝不苟，偶尔乱了，连梳子也无能为力时，就在手上吐一点口水，将头发抹一抹，压一压。

阿早是积极分子专业户：学《毛泽东选集》积极分子，学大寨积极分子，学雷锋积极分子——他腾出家里的小披间，开了一间雷锋理发室，数年如一日为社员义务理发。

他还组织了一个学《毛泽东选集》小组，一般每周三晚上活动一次，组员为全公社的青年积极分子，我也有幸忝列其中。

阿早对《毛泽东选集》应该算学得比较透了的，除了正文，连注释都会背。更重要的是他会“活学活用”，比如打扫教室他就说“扫帚不到，灰尘照例不会自己跑掉”，当他拿出花生番薯片招待小组成员时，就说“中国应当对人类有较大的贡献”，等等。在一次公社“讲用”会上，主持人拿着《毛泽东选集》读出一句语录，阿早立即请大家翻到第几卷第几页，结果屡试不爽。现在我每当看《中国诗词大会》，脑海里就会跳出当年的“讲用大会”。

阿早的雷锋理发室并不是天天开，阿早太忙了，总是有开不完的会，村里的、公社的、县上的乃至地区的，“批林批孔”大会上，他作为青年代表上台责问两千年前的孔丘：“克己复礼究竟意欲何为，是想开历史倒车，复资本主义的礼吗？”他不知道资本主义对于孔丘所处的封建时代是历史进步而非倒退。上个月刚揭批完邓小平的“三项指示为纲”和“不管白猫黑猫，抓住老鼠就是好猫”，下个月就揭批“四人帮”的“宁要社会主义的草，不要资本主义的苗”。毫不在意前后之间的逻辑是否自相矛盾。每一次他的批判发言都义愤填膺，慷慨激昂，声泪俱下，发自肺腑。如果你穿越过去夸他“真入戏啊”，阿早一定会大眼一瞪跟你急。

对了，阿早的父亲是村支书，阿早是村里的团支书。阿早家里有一份《人民日报》，他很大一部分精力花在“猜”《人民日报》上：这篇社论的背景是什么？这条新闻有何深意？看完报纸，他常常会写读者来信，落款是一个基层团员或者一个普通社员，他感到浑身充满了力量，仿佛身后站着成千上万的团员和社员。他时刻憋着劲想弄出个大动静，像黄帅和张铁生一样一炮走红。

这天，他匆匆赶到里白岩我家：了不得，不得了，阿谦你看看这是什么意思？他给我看的是《人民日报》转载的《光明日报》社论：《实践是检验真理的唯一标准》。

“这是什么意思？言下之意是马恩列斯毛不是标准啰。真是树欲静而风不止，山雨欲来风满楼，修正主义死不悔改！”阿早当即奋笔疾书，致信《人民日报》编辑部，以一个共青团员的名义义正词严地声讨了这株“大毒草”。

阿早很为自己的觉悟和警惕性激动，觉得抓住了一个建功立业的千载良机。

可是伴随着真理标准大讨论的深入，报上的语境完全变了一个调。不久阿早就收到了报社退回来的信。

然而这并没有阻挡阿早对写读者来信的热情。精诚所至，金石为开，《人民日报》还真发表了他的一封读者来信，题目是《大卸八块分拖拉机要不得》，来信后还加了编后语，指出“在轰轰烈烈的农业生产承包责任制运动中，要把握好政策，哪些可以分，哪些不宜分”。这可能是红星公社第一次上《人民日报》，阿早还得了五元稿费，一时轰动全县。

那段时间我和阿早的来往比较多，我虽然对他什么话题都拿毛主席语录开道、争论点什么都引经据典的做派不太感冒，但也感受到他对拥护“实事求是、解放思想、团结一致向前看”的热情是由衷的、真诚的，不是那种表里不一的“假积极”。

可是过了这个高光时刻，阿早却每况愈下，越来越落寞了。先是他爹险些成了“三种人”，靠边站了，找他开会、点名让他发言的越来越少了，常常半年开不上一次会。过去，他的理发室只要开着总是门庭若市，其中以女青年为主。阿早比我们大七八岁，早就到了适婚年龄，面对姑娘们的或明或暗的秋波，阿早坚如磐石，不为所动。他知道他自己不属于这个小村子。

如果非要问阿早属于哪儿，他可能会淡淡地吐出两个字：天下！

不是我不明白，这世界变化快

自打田地分下去以后，男女老少都扑在自家的责任田里，阿早的雷锋理发室常常一个人影也没有。没有运动，没得会开，失去了开会误工补贴，阿早的日子就过得有点窘迫，更要命的是，阿早的魂没了。

恰在此时，《中国青年》杂志刊登了一封奇怪的读者来信：《人生的路为什么越走越窄？》，阿早恍如突遭人猛击，一下怔住了。

编辑同志：

……我问自己，是相信书本还是相信眼睛？是相信师长还是相信自己呢？我很矛盾。但当时我还小，我还不能对这些社会现象进行分析。况且过去的教育赋予了我一种奇怪的能力，这就是学会把眼睛闭上，躲进自己高尚的世界。

我体会到这样一个道理：任何人，不管是生存还是创造，都是主观为自我，客观为别人。就像太阳发光，首先是自己生存运动的必然现象，照耀万物，不过是它派生的一种客观意义而已。所以我想，只要每一个人都尽量去提高自我存在的价值，那么整个人类社会的向前发展也就成为必然的了。这大概是人的规律，也是生物进化的某种规律——是任何专横的说教都不能淹没、不能哄骗的规律……

潘晓

1980年4月

是啊是啊，我的路不也是越走越窄吗？阿早写读者来信有瘾的，当即奋笔疾书，洋洋洒洒写了三千字。可惜石沉大海，杳无音讯。

好多年后他才得知，潘晓的这封信引发了全国六万多名读者的参与讨论，因为来信有的内容比较敏感，杂志社最后将其统统化作了纸浆。

“主观为自己，客观为他人”，阿早反复念叨着这句话，他之前的教育是“狠斗私字一闪念”，所以乍一看到这句话本能地觉得大逆不道，可转念一想，回味回味，又觉得不无道理。

那段时间，阿早整个人恍恍惚惚的。

这是一个时代的迷茫。

好在不久，“五讲四美三热爱”来了，阿早的雷锋理发室被记者挖掘出来，成了全地区的典型。和过去“口惠而实不至”的典型不同，这一次阿早被任命为县团委副书记，正式成了一名公家人，两年后又当上了拔茅乡副乡长，阿早的人生之路一下子豁然开朗。

一天傍晚，我在华家池畔散步，忽然看到一个熟悉的身影——这不是阿早吗？原来全省各县推选了一批年轻乡镇干部来浙农大农业经济系进修，阿早也在其列。

他乡遇故知，那段时间我们常常在华家池湖心亭一聊就是一宿，阿早显然早已不是当年那个激情燃烧的“红色青年”，但他爱引经据典的习惯没变，只不过这次不再是马列经典，他的语汇里出现最多的是“市场”，从杜润生“杜承包”、厉以宁“厉改革”到吴敬琏“吴股份”，核心就是让“市场”这双无形之手自动发挥资源配置的基础作用。“你承认人性都是自私的吧，那么我们的制度设计就必须和人性相适配。”最后，他手一挥，像一个大人物一样断言道，“私欲是推动社会进步的原动力！”

据说，这也是他毕业论文的主题。

毕业后阿早回到县上，逢人开口闭口就是“市场”，很得“市场派”王县长赏识，不久阿早就转正当上了乡长。

也许是大权在手，也许是过去穷怕了，阿早不知不觉变了——变贪了，用拔茅人的话说：“他过手的石头都要榨出二两油来。”

出事时，阿早正在市委党校中青班学习。当县纪委的两位同志出现在他面前时，他当场瘫软了下去……

当年晚报报道了这起典型案例，编辑做了个颇为自得的标题让我看：《拔茅乡长雁过拔毛，小官微贪积腋成囚》。我知道他这是“求表扬”，可我苦涩一笑，表扬的话终于没说出口。

下班后我在街上胡乱走着，我想不明白的是阿早这么一个心怀天下的有志青年，这么一个坚持多年为村民义务理发的“活雷锋”，这么一个前程大好的青年干部，怎么就被一点蝇头小利绊倒了呢？

这时路边店传来崔健的歌声：

过去我不知什么是宽阔胸怀
过去我不知世界有很多奇怪
过去我幻想的未来可不是现在
现在才似乎清楚什么是未来
……
不是我不明白 这世界变化快
不是我不明白 这世界变化快
……

从“陪绑”到脱颖而出

这个世界变化委实太快。

这不，刚刚还在大割资本主义尾巴，这厢就大力发展乡镇企业，昔日的投机倒把分子“摇身一变”，有了新名字——能人、草木才子或者乡贤；刚刚还被关在“学习班”，眨眼间成了各级政府的座上宾；刚刚还是贫下中农响当当、全民“躲富”不及，眨眼间“万元户”“冒富大叔”成了新闻的主角、时代的英雄。

在新旧动能转换之际，一个因缘巧合，我走进了王区长，不，王县长的家门。

大二暑假，阿刚找到我，交给我一个重大而光荣的任务：陪他去阿红家。

阿刚比我小一点，高中时特别皮，下课时总是打打闹闹，没个正形。在我眼里，他完全还是个没发育的孩子。想不到经过两年如火如荼的“两地书”，他终于拿下了我们班的“高干子女”——王县长的漂亮女儿阿红。

阿红家对我来说是神秘的，最令我震撼的是她家客厅，怎么可以这么大，足足能放下两张乒乓球台。

傍晚时分，王县长回来了，对，在这一年县人民代表大会的差额选举中，王区长一举成了王县长，不要说他本人猝不及防，没有心理准备，听说搞得市委组织部门的同志也很被动。

其实上级倾向的县长人选不是他。他这个人吧，八辈子都是泥腿子，从生产队长一步步爬到区长这个位置，靠的是实事求是，讲究个因地制宜，平时讲话嘻嘻哈哈，爱开个玩笑。后来做了区长，开会做报告，也是满口俚语俗语，能自动地将上面的政策精神、术语新词“翻译”转换成土话，所以他的会自始至终总是笑声连连，掌声不断。总之一句话，他这个人很接地气，很有人缘。

而且他胆子大，人称“王大胆”。当其他地方还在等待观望的时候，他的澄潭区早早就把田地分了下去。

所有这一切，可能就是他这个“陪绑”在县人民代表大会上猝不及防脱颖而出的原因吧。

此刻，半夜三更躺在床上，簇簇新的王县长翻来覆去睡不着，想不到几辈子的泥腿子忽然成了县太爷，他惶恐啊。新昌这个地方自古“十里岩疆”，七山一水两分田，位置又偏，既无铁路又无水路，只有一条104国道擦境而过，工业除了一家制药厂、一家轴承厂、一家柴油机厂还像点样，农业除了长毛兔和茶叶还算有点基础，其他都乏善可陈。要想短时间打开局面，谈何容易？

可“王大胆”毕竟是“王大胆”。这个从生产队长一步步爬上来的县长凭的是满脑子农民式的智慧和一身无产者的胆气：不比硬件比软件，不比家底比胆气，不比地理区位比观念水位，眼下举国推倒重来，正逢“百年未有之大变局”，我偏要来他个鲤鱼跳龙门，小县大翻身，方不负百姓信任，天降大任！

王县长眼睛雪亮，看出我也是个“陪绑”的，第二天早上一起来就冲我使了个眼色：“我们别在这里当电灯泡了，走，去新昌江边走走去。”

两本商品经济的教科书

天姥山山水冲刷而下，一路汇集涓涓细流，汇作了一条新昌江，在鼓山脚下冲刷出一块稍具模样的盆地，正好做了新昌城关的营盘。

许是上游筑了一个长诏水库，新昌江到了城关，江床还算开阔，江水则实在不敢恭维，跟老头拉稀似的，欲断还连，有气无力。说是江，一大半倒是滩，乱石滚滚，丑陋地裸露着。

长诏水库是20世纪70年代战天斗地、大修水利的产物，主要用以灌溉，顺带着发点电。现在则是新昌的“大水缸”。王县长正是从长诏水库受到启发，开启了他的“卖山卖水工程”，此后的钦寸水库和拟议中的镜岭水库均可追溯到这一源头。此为后话。

新昌江一路向下，流经剡溪、曹娥江，汇入杭州湾，奔腾入海。

江的那一边是104国道，北至北京，南至福州，是当年台海局势紧张时国家修建的战备公路，现在成了南北经济大动脉。

凉风习习，江堤蜿蜒，我和王县长不紧不慢地压着江堤，有一搭没一搭地拉着话。

“年轻人，你说说看，新昌的出路在哪里？”

知道天高地厚就不是年轻人了。我说：“改革开放改革开放，对于我们基层来说，关键在于一个‘放’字。就像你在澄潭搞承包到户一样，大胆放手，彻底放权。在澄潭你也看到了，你放的是每个人发财的心哪！”

“是的，我们永远不要低估人民追求财富的热情。”王县长点点头，“但光‘放’，光靠群众自发还不够，政府毕竟还得主动开路和引导。”

后来我才知道，王县长的开路引导指的是办市场。大三暑假我回新昌看到，新昌江江滩上搭起了长毛兔市场，鼓山山脚下则矗起了中国名茶市场。

新昌长毛兔产业起步较早，从 20 世纪 70 年代开始，新昌农村几乎家家户户都会养几只安哥拉长毛兔。我小时候，放学后拔兔草是必修课，以致落下了一个病：现在在公园看到绿油油的青草，忍不住想去拔几把。

几年后，兔毛市场转型升级成了羊毛衫市场，闹猛了一阵子，渐渐熄火了。这倒怪不得王县长，主要是随着化纤面料的日新月异，兔毛被市场抛弃了。

21 世纪初，我在杭州工作，去看过从省乡企局局长任上退休寓居杭州的王老爷子。王老爷子记忆清晰，精神矍铄，他说："也不能说兔毛市场失败了，人是不可能超越历史范畴的，而且我听说，现在名茶市场那几个最大的经营户都是从兔毛市场出来的。"

是的，作为新昌最早的商品市场，兔毛市场不啻为新昌人民商品经济的教科书，启蒙了新昌第一代供销员。

至于茶叶，即使在那个动辄割资本主义尾巴的年代，茶叶也是新昌农村副业经济的支柱。里白岩大队除了一队、二队、三队、四队，还专门有一个茶叶生产队，专门负责在大岩岗山脚下种茶。到了季节，下祠堂便改成茶厂，炉火通红、炒茶机轰然作响，是里白岩唯一的工业气息。那时炒的是珠茶，听说国家出口非洲创汇的。这些里白岩人并不知道，他们只是把珠茶交给供销合作社。统购统销，供销社是所有农副产品的终端。

不过现在中国名茶市场交易的是大佛龙井，听说经过多年的打磨和迭代，已经可以和它的前辈——“西湖龙井”别一别苗头了。除了在中国名茶市场主场，大佛龙井一路攻城略地，在全国各地抢占市场份额。我的初中同学阿汉除了在中国名茶市场的营业部，在上海、山东、云南、黑龙江都有自己的大佛龙井档口。阿汉在城里买了房子，还在里白岩造了别墅，可以说，茶叶是新昌农民增收当仁不让的主角。

王县长这条路算是开对了。

阿刚大学毕业后没有回新昌，和阿红最后没能走到一起，阿红至今还是单身一人，成了王老爷子至死挥之不去的心病。

“抬头向前看，低头向钱看”

在全县经济工作会议上，簇簇新的王县长第一次正式亮相，第一次穿了西装，打了领带，屈指可数的几根头发左梳右披，力图多掩盖一点，但显然有点力不从心。

参加会议的除了全县三级干部，还包括这几年冒出来的办厂能人、“万元户”、“冒富大叔”等，规模为改革开放以来最大。

王县长在会上做了《解放思想，因地制宜，八仙过海，大办经济》的工作报告，号召全县三十多万人民“抬头向前看，低头向钱看，奋力开拓全县乡镇企业新局面”。

说到激动处，他硕大的头颅热气蒸腾，仿佛乍开的水壶。

王县长既兴奋，也着急。大会后他紧接着套开了一个小会：能人座谈会。他们都是在新近的“冒富运动”中跑出来的，因为刚好十八人，人称“十八罗汉”。

这“十八罗汉”有几个共同点：都有点“哇”，有点“坏”，有点狂。王县长看中的正是他们身上的那股劲：伢新昌侬穷是穷点，但智不短，志不穷！

“今天关起门来，我给大家掏一掏心窝子。这几天我翻来覆去睡不着，夜里想想千条路，早上起来还是走老路。在座的基本上都是我知根知底的朋友，是新昌的能人、精英、佼佼者。都说伢新昌‘七山一水两分田’，要想土里刨食改变新昌面貌，难。现在是工业时代，唯有工业立县、科技兴县才有出路。好在刚刚改革开放，大家都在一条起跑线上，是骡子是马，看你们的了！拜托拜托！”说罢，他深深弯下腰去，作了一个长揖。

王县长首先点了阿定开头一炮，长得精干巴瘦、貌似武林高手的阿定看上去一百斤都不到，大风天都要担心被刮跑了，可在办厂经商的江湖上，却是条响当当的汉子。阿定出身不好，正常挣不了工分糊口，逼得他只好早早走南闯北搞“投机倒把”。苦难给了他眼界和胆识，他成了新昌第一代私营企业厂长。

眼下，他毅然关掉了山里那边风生水起的羊毛衫厂，在新昌江畔的沙滩上征了十几亩地，准备上马大型纺织机械。

“纺机就是发财机呀！前些日子我去湖州、绍兴转了一圈，那真是村村纺织厂、户户纺机响。”

“要打提前量，要搞就搞最好的无梭机、剑杆机。不然跟在人家的屁股后面，等我们再搞出来，黄花菜早凉了！”

“什么高科技不高科技，还不都是人搞出来的吗？我们也有一颗脑袋一双手，再说了，还可以借脑，上海的星期日工程师，北京的大学、科研院所不要太多！”

“不要说剑杆织机，你们信不信，我还要搞飞机呢！天方夜谭？给我二三十年，你们都会看到的！”

短小精悍的阿定说话斩钉截铁，一句一个感叹号。

王县长冲阿定频频点头：“好！飞机不飞机的伢先勿话，我要的就是阿定身上这股劲。”

王县长暗忖：叫你头一个放炮，放个纺机差不多了，你别放飞机呀，你不怕发边我还怕打脸呢。

如你所知，这就是今天新昌的航空小镇。当年，阿定从意大利引进了剑杆织机，现在他将飞机卖到了意大利。

前些日子，阿定请王老爷子去航空小镇转了转，王老爷子叫我开的车。“咔嚓”，我按下了快门，镜头里，两个老人站在飞机旁，笑得比晚霞还绚烂……

和老师和阿忠哥

与阿良总是慷慨激昂、豪情万丈的风格不同，和老师低调内敛，含而不露，平常说一口彩色普通话，见人就说“你好”，一口一个“谢谢”，比老师还老师。所以虽然他现在不做化学老师，做了校办化工厂的厂长，但人们还是喜欢叫他“和老师”，他也喜欢听，他们厂里相互间也老师老师地叫。不知道的还以为来到的不是一家工厂，而是走进了教研室。

说起和老师的“普通话”，还有一个我亲见的段子。一次我陪北京来的同学去和老师他们厂联系业务，和老师介绍得有声有色，头头是道，我那北京同学忍不住夸道：“和老师，你们的家乡方言还是挺好懂的嘛，我想我大半知道了。”和老师一愣：“我一直努力说着普通话呀！”

“王县长好，别怪我丧气，我还是说说我厂的困难吧。”和老师操着“彩普”慢条斯理地开腔了，“你知道，化工是个大产业，小作坊小打小闹肯定不行。另外，山沟沟里环境容量太小，所以恳请你支持我们也搬到新昌江边。”

和老师凡事讲究个谋定而动，小步快跑。抓住这个机会，他要政策来了。

“和老师你的话不丧气，我反而听出了豪气，把土地交给你们，值当，我也放心。”王县长现场办公，当即指令相关部门为和老师的校办工厂征地。

“王县长，不是我吹，三年后不达到一个亿的产值，你唯我是问！”

“老百姓是怎么说的，看看不声不响，眨眼蹿出一丈。我不信谁，也不能不信你，你是我们新昌有名的小步快跑惊喜大王嘛！”

前些年，和老师请王老爷子回新昌参加公司成立40周年典礼，会场下拉着王老爷子说悄悄话：“现在我们产值早已过了300亿元了，不是吹，我的原料价格动一动，全球行业都得抖三抖。现在的问题是环境容量还是不够，不久前还因环保问题跟下游干了一架，连武警都出动了，想必您老人家也听说了吧？我想把生产基地搬到海边去，烦请您老协调协调。”

“好你个和老师，真会见缝插针。我老啰，说话不知道管不管用了，不过，我听着是好事嘛！”

“啥好事？”阿忠老远跑上来，“和老师，你不能一个人霸着王老爷子啊，让我们也拉会儿话。”说着，不由分说地拉走了王老爷子。

阿忠清晰地记得当年“十八罗汉”座谈会上，他是第三个被王县长点将的：“阿忠你们是国企先进典型，可别忙着天天写经验材料，接待参观考察呀，除了向国家足额上缴税收，你多想想怎么为企一任，造福一方。”

“县长大人哪，我们其实是表面风光，背后吃糠，正准备动大‘手术’呢！”

阿忠的“手术”是有点大，他将车间承包出去成了分厂，分厂转制成了分公司。其间，县委书记以“不能砍旗”为名表示反对，王县长面对国有资产流失的大帽子，毫不退却，据理力争。“该不该改革，当不当转制，就看‘三个有利于’：是不是有利于企业可持续发展？是不是有利于国家税收可持续增长？是不是有利于造福一方百姓？而不是看它以前是不是典型和旗帜。”

就这样，阿忠他们一家厂裂变成了上百家厂，一家厂孵出了一个“轴承之乡”。

“王老爷子，我这只老母鸡还可以吧？”别看阿忠现在是身家过亿的大老板了，可在王老爷子面前，依然还有一颗求表扬的少年心。

王老爷子佯斥道：“一边去，当年我可为此差点丢了乌纱帽！”

会来事的“大姐头”

“喏，那个女的在开拖拉机呢！”

20 世纪 70 年代，中型拖拉机还是稀罕物，姑娘开拖拉机更是稀罕中的稀罕。每当阿莲驾着她的大铁牛灵巧地穿梭在盘山公路上时，都会引来一片惊呼。

阿莲对带轮子的天然有悟性，培训班上，一爬上去就敢开，开得还挺溜。后来开轿车、开卡车也是。所以一创业，她就瞄上了车轮子。

“王县长，我说几句吧，我们现在只是一家百把个人的小厂，那我就先说说我们的五年规划。”没等王县长点将，阿莲就站起来争着发言。

“好，小厂志大！小莲子你说。”

话说这“十八罗汉”中,有一位却是女汉子——“大姐头”阿莲。阿莲是女民兵连长出身，全县第一个女拖拉机手，天生自带气场，有一股厉气，凡事杀伐果断，爱打个头阵。王县长现在破冰开局之际，正需要这样的开路先锋，杀出一条血路。

“王县长你知道，现在摩托车开始上来了，以后呢，必是车轮子的天下。眼下正是铁轮到铝轮的迭代之际，正好有个时间差，我们的战略是，第一个五年计划，进入铝轮毂第一方阵；第三个五年计划，坐上行业头把交椅！”

那时候新昌的企业都是“土八路”，众人乍听阿莲一口一个“战略”“计划”这样的大词，心里不免嘀咕：火车是推的吗？

火车当然不是推的。战略和计划确定以后，阿莲就背着她的轮毂南征北战，亲自上门推销。

别看阿莲现在光环在身，可创业过程中多少艰辛屈辱，只有她一个人午夜梦回时细细咀嚼：一次在某北方大厂，轮毂被检出微瑕，当年的女民兵连长抡起大锤，当场将轮毂砸了！这事还上了当时我所在单位的报纸。

此后，阿莲成了新闻的常客，从全国三八红旗手到全国人大代表，再到百辆宝马送员工，等等，时不时登上报纸头条，是名副其实的明星企业家。

没有谁可以随随便便成功，在“战略”和“计划”这些大词的背后，是无数不为人知的默默付出。事实上，在相当一段时间，阿莲是公司的第一推销员和产品形象大使，她的“见红旗就扛，见荣誉就上”的作风，固然是其民兵连长出身的军人基因使然，另一方面，“会来事”“当明星”何尝不是更高层次的营销，打开企业发展空间的需要呢？

阿莲企业的组织架构、企业管理、企业文化大量应用了党建理论，有人说阿莲是“红顶商人”，企业比国企还国企，阿莲正色道：“办企业就得跟党走！这也是我们企业腾飞的全部秘诀。”

“不一样就是不一样，毕竟是在公社大院长大的干部子弟。”知道底细的老人们不免感慨。

也许正是那段南征北战的奔波岁月，使阿莲痛下决心改变家乡的交通格局。在担任全国人大代表期间，她多次建议修建杭绍台高铁，并身体力行，自身企业带头参股投资。“从投资的角度来看，回报周期长，不确定性因素很大，不是一桩好生意，但确定的是，对新昌来说功在当代，利在千秋。哪怕亏一点我也认了。”

也许因为“头口奶”是拖拉机，几十年来，阿莲铆着“大交通”领域、瞄准汽车轻量化目标持续发力，一路风生水起，企业正朝着千亿目标挺进。

摊子大了，阿莲时感疲累，有时候会怀念那些开着拖拉机在盘山公路上长发飞扬、呼呼生风的日子。

开拖拉机的日子显然是回不去了，顶多就是梦里咂巴咂巴味道——青春的味道。

阿莲倒是捡起了小时候喜欢的画笔。画了一阵子，居然有些模样了。

王老爷子八十大寿那天，她送了一幅墨荷，笔意恣肆，水汽淋漓，俨然大家气象。画罢，又题一跋，跋云：

“予独爱莲之出淤泥而不染，濯清涟而不妖，中直外通，不蔓不枝，香远益清，亭亭净植，可远观而不可亵玩焉。”

正是著名的《爱莲说》。

“我们的大明星就是会来事，不过小莲子，这画你是送给我的呢，还是送给你自己的？”

“共勉共勉，落款不写着与老爷子共勉吗？哈哈。”

“看在杭绍台铁路的分儿上，小莲子你也算功德圆满，我这老头子就不跟你计较了。哈哈。”

笑声中，王老爷子仿佛看到了当年那个英姿飒爽的女民兵连长，那个开着拖拉机长发飞扬的野丫头，那个什么场面也不怵、抢着发言的女“罗汉”……

王老爷子的“矛盾论”

王老爷子八十寿辰，会集了新昌方方面面的头面人物，历任县长、书记，十几家上市公司的当家人，我作为王老爷子多年的“小跟班”，也忝列其中。

酒酣饭足，闹声渐息。王老爷子说："诸位对新昌都是有使命感的，趁今天人齐，咱们开个诸葛亮会，说道说道吧。"

众人面面相觑，一时不知从何说起，有点冷场。

"那我老朽抛砖引玉吧。我虽说离开新昌多年了，但须臾没有忘记过老家、故土、我起步的地方。哪一天马克思召见，想必也是回到挂帘山下。

"我观察了很久，也想了很多。这几年来新昌确实取得了很大进步，有很多变化，单是看七星新区、江滨一带，我看和杭州、上海也没多大差别嘛。"

"但是"，众所周知，中国的领导们常常喜欢在"但是"后面做文章，王老爷子也不例外。

"但是，新昌有四大矛盾一直没有质的变化，那就是城乡发展不平衡、寡头经济和小微企业发展不平衡、化工制药行业快速崛起和环境容量捉襟见肘之间的不平衡不配套、机械制造行业的快速崛起和产业链及交通区位之间的不适应不配套。这四大矛盾一直困扰着我，制约着新昌的明天。今天我就将它作为一个课题、一项战略、一大任务提出来，供大家思考。可以说，这是四把新昌发展之匙，可能也是今后相当一段时间各位的发力点。"

黄县长，不，准确地说是黄代县长，不禁站起来鼓掌："王老说得太好了！组织上派我来新昌工作，我是诚惶诚恐，夜不能寐，不知从何下手。王老一下子拨亮了我的心，让我们有了方向。"

"一把钥匙一把锁，办法总比困难多！"说话的是阿才哥，他的企业就是王老爷子刚才所说的机械制造行业的代表，王老爷子当年在新昌时，阿才好像还在西郊公社农机厂当厂长。中国现在好多耳熟能详、如雷贯耳的大公司、大品牌，都脱胎于农机厂。“农业的根本出路在于机械化”，那时候县乡一级但凡有点机器轰鸣声，必来自农机厂。老人家可能没想到，他的一句话，彼时没让农业找到“根本出路”，倒是在广袤的大地撒下了“中国制造”的种子。

阿才的种子长着长着，开出了三朵花——科技之花、管理之花、品牌之花，并结出了两家上市公司之果。

王老爷子对阿才的第一印象来自其工厂围墙上的两条厂训：“迅速反应，立即行动”和“今日事今日毕”。与一般“再创辉煌”之类的口号式厂训相比，显得特别实在，当下就记在了心里。

20 世纪 90 年代初，市里推行 ISO9000 标准认证，王老爷子瞅准时机：走，去阿才那儿看看。市里的专家一对照，阿才的企业居然全票一次通过。专家惊讶道：“你们是按照标准提前整的吧？”“不好意思，我们是今天第一次看到这个标准，这些都是我们从实践中一步步摸索出来并形成了制度。如果和国际标准吻合了，那只能说管理之道都是相通的，纯属巧合，纯属巧合！”

打那之后，坊间传开了一个段子：阿莲的战略无人能及，阿才的管理无师自通，和老师的文化无孔不入。这三人也成了王老爷子引以为傲的三面旗帜。

一次，王老爷子问阿才：“你小子真的是无师自通吗？会不会打了什么埋伏？”

“王老爷子，真没有。我们只不过以问题为导向，遇到什么问题，琢磨它，解决它，一步步慢慢就走出来了。如果非要说我有什么老师，那问题就是我的老师吧！”

“还是那句话，一把钥匙一把锁，办法总比困难多。我不觉得产业链是什么问题，套用我儿子QQ空间签名语：你若盛开，清风自来。只要我们自身足够强大，配套的产业链就一定会被吸引，不请自来。瞧着吧，王老爷子。”

王老爷子盯着阿才打量了好一会儿，发现这个向来低调务实的汉子眼里满是坚定自信。

韩妃江畔的午餐

十九峰像一把刺向苍穹的锯，仿佛要撕裂压抑的天空，又仿佛是一只只举起的手，发着亘古的天问。

十九峰下，缠绕着一条涓涓细流——韩妃江。相传古代一个姓韩的妃子为躲避宫廷追杀，一路逃到这里。见一边是似剑如戟的十九峰，一边是似垒如坝的台头山，顿觉绝望，便一头扎了下去，成全了世上唯一一条用两个女子命名的江——下游是孝感动天的曹娥江，上游即这条流淌着一个妃子的美丽和哀怨的韩妃江。

黄县长、阿定、徐局长、陈秘书和我一行五人依着韩妃江跋山涉水，走了大半天了，中午时分在一个叫石下坑的小山村停下歇脚。

彼时我已由市农业局调至市报工作，黄县长不知从何处打听到我是这一带人，就不由分说抓了我“当壮丁”。

阿定则可算黄县长的故交。因为行业的原因，在黄来新昌履新之前，他俩一起开过几次会，出过一趟差。这趟差让两人的工作关系升华到了朋友关系。

黄空降到新昌，两眼一抹黑，加之黄以前多在机关条线上工作，没在地方干过，自然少不了向阿定打问讨教。

且说这阿定一路为生计奔波，不是“投机倒把”就是创业办厂，殊不知他短小精干的身体里藏着一个可能他自己也不完全清楚的从政梦，反正新昌那点山山水水沟沟壑壑，方方面面头头道道，在他心里翻来覆去盘了无数遍，暗暗制定了一整套“治新锦囊”。

阿定掏出的第一个锦囊是旅游，黄县长一听当即和他干了满满一杯梅渚烧：“英雄所见略同！”

于是就有了这次“五人行”。

石下坑有一个小水电站，从倒脱靴下来的山水和韩妃江在此汇合，顺着一处断崖跌宕而下，发出震耳欲聋的巨响。所以水不大，力道却很足，建水电站再合适不过了。我里白岩的隔壁邻居阿满就在这里做临时工。

我找到阿满，阿满听说县长来了，激动得搓着手不知如何是好。陈秘书机灵，上前如此这般交代了一番。

过了半晌，阿满就整出了一桌菜：油煎小溪鱼、红烧韩妃江青壳螺蛳、腌肉蒸淡笋、现爆油豆腐、胡葱水波蛋、山泉松菇汤，还有一碟小京生、一碟同心楼小麻饼，外加一瓶梅渚枪毙烧，主食是糟肉草籽炒年糕、锅拉头卷妙榨面。看上去蛮像一回事了。

阿满连声说：“各位领导，没有准备，穷乡僻壤也拿不出什么好东西，请多担待担待。”

黄县长摆摆手：“你这还叫没什么好东西呀？比我们县府招待所强太多了，赶明儿调县招掌勺去，可好？”又转头说，“徐局长，旅游七要素，吃可是关键一环，这个菜谱值得在全县旅游饭店推广。”

时值初夏，菜是地道的土菜，风是山谷带着水汽的凉风，众人就这样在水电站的地上坐了下来，边吃边聊，那叫一个爽！

“如果从GDP的数字来看，旅游不值一提，而且投入大，见效慢。但旅游意味着一个地方的人气、名气和生气。好比一户人家，一年到头门庭冷落，冰锅冷灶，这户人家肯定好不了，一家企业、一座城市莫不如此。”吃饭的当口，阿定念起了他的“旅游经”。

“王老爷子不是说我们城乡发展不平衡是四大矛盾之一嘛，旅游就是城市对乡村的转移支付，是乡村振兴和共同富裕的重要抓手。并且，城里人流、物流、信息流、文化流下乡，对闭塞的乡村不啻是冲击和激活，潜移默化，功莫大焉。

“我也算走南闯北跑过三江六码头了，像我们新昌旅游资源这么丰富、品质如此优异、分布如此集中，还真并不多见，你看，天姥山横连天，沃洲湖碧如蓝，大佛寺誉江南，十九峰赛九寨，这是老天赏饭吃啊！我们不能捧着金饭碗讨饭，辜负了苍天的厚爱。”

黄县长说：“发展旅游是我的一号工程，自不用多说，关键是设局容易破局难，诸位说说有何妙计？”

徐局长说：“我党历来的风格是兵马未动，舆论先行。旅游是一个系统工程，单靠我们旅游部门唱独角戏肯定不成，建议县里召开旅游发展大会，出台旅游十条二十条，先把声势搞起来。另外，旅游总体规划也得抓紧定下来。”徐局长是规划出身，一周前才提的旅游局局长，看来已经进入角色了。

“你们记者见多识广，阿谦你有何高见？”

我环顾左右，觉得再不说点什么就交代不过去了。“我说个不成熟的想法，当下武侠影视火爆，或许我们可以广发英雄帖，招揽剧组来此免费拍戏。这么棒的天然山水舞台，应该有吸引力的，只要有一部火了，那咱们藏在深闺的好山好水也抛头露脸，借船出海了。”

“好，借船出海，四两拨千斤！”黄县长当即指示陈秘书叫相关部门抓紧落实。

村外，韩妃江潺潺流淌，乱石嶙峋，游鱼可数。黄县长若有所思：“多好的天然矿泉水呀！其实除了搞旅游，我们是不是还可以卖原水？我查过资料，周边有个极佳的天然库址，20世纪50年代时国家就曾做过规划。现在我们正在规划钦寸水库向宁波供水，以后如果再搞个镜岭水库向绍兴一带供水，那就是两个偌大的金饭碗，真真正正的水是财富、财富是水啊！”

众人越说越兴奋，不知不觉，水电站的午餐吃了一个多小时。

多年以后，这顿午餐还会时不时出现在我的梦里：安排旧河山，擘画新天地，有幸侧身其间，与有荣焉！

大佛寺的灵气

接下来的几天，我们继续在新昌的山山岭岭间转悠，不过团队增加了个人：县政协的吕君老师。吕老师可谓“新昌活字典”，举凡山川地理、历史典故，什么李白上天姥山走的是哪条山道，哪个村历史上出过省长、宰相，等等，信手拈来，张嘴就来。

吕老师习惯性地上起课来：“大佛寺始建于东晋。全寺以石窟造像为特色，佛像规模宏大，历史悠久，立有一千六百多年历史的石弥勒佛，是中国南方仅存的早期石窟造像，被誉为‘越国敦煌’。南朝梁文学理论批评家刘勰赞曰：‘不世之宝，无等之业。’……”

大佛寺是新昌旅游的“拿摩温”，以前很多上海人只知大佛寺而不知新昌。黄县长雄心勃勃的“旅游工程”自然绕不开大佛寺。

徐局长不愧是规划出身，他的意见是将大佛寺附近几个村统统搬掉，景区大门同时面向城关主街露出，建设大佛城、大佛广场等配套设施。后来经过几轮专家论证，基本上采用了这个思路框架，大佛寺景区面积扩大了好几倍，并率先成了全县第一个 4A 级景区。

说起来不过是轻飘飘的几行字，可实际操作中，黄差点因此丢了乌纱帽：大佛城落成典礼那天，白云村等拆迁村的几个村民一齐冲进会场，齐刷刷地跪倒在前来参加典礼的市长面前。

市长自己也被市区的拆迁搞得焦头烂额，对黄县长自然是理解有加，最后板子高高举起轻轻放下，黄落了个党内诫勉谈话处理，要他注意做好群众工作，这事也就化险为夷过去了。

那天一行六人从大佛寺出来，在白云山庄小憩。黄县长忽然走到山庄门口，打量再三，沉思良久，然后叫过阿定咬耳朵：“我卖了白云山庄如何？”阿定不解：“卖了做甚？这可是县里最好的宾馆啊，政府舍得？”“我打算迁建新昌中学。这几年新昌中学高考屡创佳绩，名声在外，我绍兴的很多朋友想让孩子来读新昌中学。但现在新昌中学的硬件实在寒碜，我脸上挂不住啊。”

“好是好，新昌中学早就该新建了，这不仅仅是你县长大人的脸面，也是全县人民的脸面，我在企业家协会发动一下，多少也捐一些。不过这事你可能得给王老爷子打个电话，毕竟这是他的得意之作之一。”

一会儿黄县长打完电话，回来告诉阿定：“王老爷子说了，卖了不还在的吗？又不是拆了。不求所有，但求所在。小黄你大胆卖，我支持你！”

想不到白云山庄小憩，蹦出这么一个金点子。想起赴新昌履新前，他去拜访过王老爷子。老爷子说："当县长说难也不难，不外乎八个壶瓶七个盖，就看你怎么把它们都盖严实了。"

这会儿，年轻的黄县长正为自己巧妙地挪动了一个盖而窃喜，不料阿定凑上来泼了一瓢冷水："刚才我打电话跟杭州的校长朋友咨询了一下，初步核算新建一所达标合格的完全中学，至少还差三千万元。"

三千万？这在当年可不是一个小数，差不多是半拉县财政了。黄县长见阿定在一旁窃笑，佯喝道："你是不是有什么鬼主意了？还不快快从实招来！"

"微臣不知当讲不当讲？"阿定拿腔作调，掩饰着内心的得意。

"罢罢罢，不说也罢！"黄县长自然知道让他不说比打死他还难受。

阿定收起嬉皮笑脸："县里不是要造体育中心吗？"

"这是专款专用，你少打主意！"黄不由分说打断阿定的话头。

"我哪里要你挪用体育中心的建设资金了？想想，再想想。"阿定还是卖关子。

黄县长拔腿就走，阿定追上来说："如果把体育中心建在新昌中学边上，中间再开一个门呢？县运会、市运会毕竟不是天天开，那新昌中学的田径场、足球场、篮球场、游泳馆不全都有了！"黄县长和阿定兴奋地击掌："好你个小子，我代表全县人民谢谢你！"

"不必不必，县长大人不必客气，我这其实也是权宜之计，总有一天，我们会有更加恢宏的新昌中学和体育中心，那时候它们就不必做连体婴儿了。"

大佛寺之行还有如此意想不到的收获，真是阿弥陀佛，善哉善哉！

自此，黄县长得了一个绰号："三卖县长"——卖山、卖水、卖宾馆也。

现在我每次回里白岩，都会经过白云山庄、大佛寺、新昌中学和体育中心，回想当年的往事，总会会心一笑，为大佛寺的灵气，也为新昌人民的智慧。

鼓山远眺

此刻，黄县长站在鼓山上，举目四望，环滁皆山，整个城关稀稀拉拉撒在"锅底"，104国道和新昌江像两条并行线从城边掠过。由于水量不足，新昌江也是稀稀拉拉的，时断时续，有气无力，和当年王老爷子的观感别无二致。

年轻的黄县长看在眼里，急在心里。耳边响起了王老爷子的电话："小黄啊，你的旅游工程很好，可以说是声名鹊起、游人如织呀，农民也小有收获，干了我当年没来得及干的事，好，好，好！"王老爷子表扬完，话锋一转，"你来新昌也有几年了，你还年轻，总是要往上爬的。旅游见效慢，又大多在山沟沟里，平时看不见摸不着，还是要在城里做文章。而且，下一个时代是城市，农村人口必然向城市集聚。这些年来，我们在城市规划、城市建设方面欠债太多了！"

且说这鼓山是城关西边的一座小山，高不过一百多米，因腰圆如桶，头平似砥，形如铜鼓而得名。这么一座难得的城中山不知为什么一直没有被开发，至今一直荒着。

"可别小瞧了这个小山包，历史上可大有说道哩。王羲之曾在此结庵置宅、修道炼丹，右军祠至今还留有王羲之的题辞。唐代诗人纷至沓来，在此流连忘返，留下了大量诗篇，是唐诗之路上的精华点，也可以说是新昌历史的制高点。”随行的吕老师见黄县长一直沉思不语，习惯性地上起了历史课。

“新昌历史上搞过几轮规划，什么旅游新城、最美山城等，效果图一本本都很漂亮，可做起来还是脚踏香蕉皮，滑到哪里算哪里。当然也是因为缺钱。现在好了，房地产起来了，政府可以卖地生钱，城投、交投等几个融资平台还可举债，是时候补上多年的城建欠债了。”徐局长说自打大佛寺扩建一役后，黄县长有事没事爱把他带在身边，徐说话渐渐也放开了。

“钱的事不用你操心，你的任务是尽快拿出一个靠谱的规划。旅游已经上路了，你可以让副手们多做些，腾出手来，跳出新昌看新昌，遍走大小名城，遍访大院名所。规划的钱省不得，规划不当的浪费是最大的浪费。一句话：视野要宽，眼光要高，要经得起时代和历史的检验！给你三个月时间，够了吧？”黄县长不容置疑地布置道。

三个月后，徐规划打来电话要汇报工作，不知什么时候开始，黄县长管徐局长叫徐规划了。

“好，叫上几个老伙计，上我这儿来吧。”

“恐怕还得请县长移驾敝处，资料实在太多，多有不便。”

尽管有了心理准备，但当我们推开徐规划办公室的门时，还是吃了一惊——这哪是办公室，简直就是个图书馆嘛！

“不好意思，资料实在太多了，一时半会儿也看不过来，这样吧，我先来个极简版的概括介绍，以后大家再慢慢研究。”徐规划一按电子笔，办公室墙上唰地挂下来一块银幕，原来是 PPT。

“概括地说，就是‘十个一’工程：一门一厅，一江一带，一山一园，一场一院，一区一芯。所谓‘一门一厅’就是在上三高速出入口打造城市屏风，就是园林景观，并将原来的客运中心提档升级为游客中心，也就是城市客厅。‘一山一园’就是开发建设鼓山公园，具体有天姥阁、唐诗之路博物馆、李白纪念馆，修复右军寺、鼓山书院，将鼓山打造成唐诗之路的地标和高地。‘一江’自然是新昌江，通过在下游设置橡皮坝抬高城区段的江面水位，规划建设滨江路、滨江公园、滨江商贸街，将此打造成新昌外滩、新昌城市封面……”

“不好意思，我打断一下。”定老总插话道，“能不能不搞橡皮坝，直接搞一个大闸呢？这样，稍加疏浚，新昌江就成了我们的内河或者运河。现在我们已经有了两条高速公路，前不久开通了高铁，通用航空机场也已投用，独缺一条黄金水道了。如果能成，那我们家门口就有出海口了。”

“企业家就是敢想，也打开了我的思路。不过兹事体大，还得经相关部门论证批准，从长计议吧。”黄县长示意徐规划继续。

“补短板、增亮点是这一规划的重要指导思想。以前我们城市公共设施欠债太多，比如一直没有一个像样的大剧院和市民广场。当然，广场除了能作为市民大型集会、康乐休闲的场所，还是城市的透气口，这就是上述的‘一场一院’，地点选在老县府大院。”

“至于‘一区一芯’，就是在七星新区布局大型商超、商业综合体、商住房产品，将其打造成城市之芯，也就是城市 CBD。”PPT 一帧帧闪过。

“总而言之，本规划致力于描绘一个唐诗名城、旅游新城、最美山城！”

徐规划说毕，众人不由得鼓起掌来。

“不过我觉得我们的城市规划、城市建设不能一唯贪大求洋，一些老街巷、老院宅也得一并考虑修缮，有机更新，它们可是城市肌理最有记忆的一部分。”吕老师见缝插针说道。

“老学究考虑问题的角度果然不一样。”黄县长当即表示在规划优化时一定考虑吸收吕老师这个意见。

“好，今天大家都辛苦了，尤其是徐规划，今晚我请大家吃饭，接下来都是只争朝夕的日子，争取早日让我们的三座城走下蓝图。”

时光如水，山川有忆，历史将铭记那些平凡而闪光的人，那些平常而有付出的日子。

玉 儿

焕强平静地盯着玉儿。

“一定要喝？”

“一定。”

“不能不喝吗？”

“不能。”

“一定不能了？”

“一定不能了。”

“那好，我陪你喝。”

焕强从橱柜里摸出两只酒杯，拿开水冲冲，用干布抹净了，放在桌上。玉儿不禁嘴角一斜，斟出一线笑声来：这个书呆子。

平日里喝酒，焕强也是这么冲啊刷啊，好像杯子有毒似的。不就是个民办教师吗？可人家就是这个谱，哪怕下地干活，也是沾不得一星泥浆子的。

也许玉儿喜欢的就是这股子酸劲吧。

焕强抱起桌上的酒坛，打开塞子，小心地给两个杯子都满上，屋里立刻充满了奇异的芬芳之气。

两人缓缓地举起杯子。

平日里喝酒，焕强总是缠着玉儿陪他一起喝，还总是要一次次地碰杯。“喝一点，晚上刺激……”

焕强盯着玉儿，看她的脸唰地红下来，比在台上化了妆还鲜嫩。玉儿过去是乡越剧团的花旦，扮相俊得无话可说，红通通水灵灵地往台上一站，移莲步，抛水袖，抬头亮相，唱：“官啊人好比天上月，为妻好比月啦边星……”真把全场的男人都迷死了。方圆几十里地，凡是玉儿有戏，焕强必赶了去，巴巴地站在前场，不屈不挠死盯人家玉儿。玉儿就是这样被焕强盯来的。

焕强就一口玉儿的羞色，心满意足地呷一口绍兴老酒，不知不觉就醉了。

沉醉之夜是一场癫狂的战争：一场男人和女人的战争，也是一场兄弟妯娌之间的战争。

“吱嘎吱嘎……”隔壁传来木床不胜负荷的叫唤，似痛苦的呻吟，又像切齿的冷笑。

“慢！”玉儿放下杯子，横焕强一眼。

如火如荼的一眼。

两人跌向木床。立即，一阵更为雄壮的木床交响曲，压过了隔壁的声音。

“嘎吱嘎吱，嘎嘎吱吱……”

焕强排山倒海，奋不顾身；玉儿波澜起伏，奄奄一息……

久远没有这样的成功。自从半年前乡长事发，供出他和玉儿的那档子事，每次行事，焕强总觉得怪怪的。往往开始好好的，忽然就不行了。无数个夜晚，焕强搂着嘤嘤哭泣的玉儿，听着隔壁示威似的吱嘎声，充满了对自己的鄙视和憎恶。

要不是那事，是根本轮不到隔壁显摆的，除了新婚头一个月，小两口一天赛一天比隔壁强。第二天一早，哥俩在井台上见面，在昨夜的“对歌”比赛中败下阵来的哥哥总要酸溜溜地奉劝弟弟：“年纪轻轻的，要当心身体啊。”弟弟不以为然地一笑，噌地把满满一桶水拎出井口：“有什么办法呢，越不当心身体越棒！”

傍晚，两叔伯姆在塘埠头捣衣裳，做嫂的气鼓鼓地乱捣一气：“三更半夜不得安稳，不把自家男人折腾成痨病才怪呢。”为婶的玉儿不紧不慢捣着衣裳：“连侍候男人都不行，算个什么女人！”

接着便是捣衣声伴奏下的乡村音乐：

“啪，骚货！”

“啪啪，蔫货！”

“骚货，啪啪啪……”

“蔫货，啪啪啪啪……”

做嫂的就跑到做婆的那儿咬耳朵，做婆的对玉儿早就没有好感，看她那个相，细腰肥臀尖颊弯眼睛，不是狐狸精是什么？夜夜盯住个男人，光知道乐，却不给她生个孙子。阿婆看到玉儿走近，随脚踢飞了身边的一只鸡婆：“光叫唤不下蛋，狐狸精投的胎啊！”

咒吧骂吧，玉儿不但不生气，心里还暗暗得意得很。焕强更是一脸的骄傲，一到夜晚就变本加厉，发扬光大。

要不是出了那档子事……

后来焕强就不恨玉儿了。这女人也可怜，错事谁都难免，年纪轻，不懂事，一时糊涂，焕强找理由为玉儿开脱，安慰似乎永远流不完泪水的玉儿。再后来，焕强反过来向玉儿道歉："都是我不好，没有早几年把你娶过来……"

焕强竭力想要忘记那件事。现在，焕强已经不恨玉儿，甚至也不恨那位乡长，只恨传出那件事的人。好好的一户人家，好好的一份生活，为什么要让他知道这件事？

焕强无论走到哪里，都会看到几颗头颅凑成一团，嗡然作声，有的忽然转过头看，远远看他一眼露出白牙，嗤地一笑。待到他走近了，头颅又轰的一声散了。

一天早晨，他发现自己的办公桌上压着一张报纸，上面是一条用红笔圈出的新闻：《关于艾滋病……》

那天，他和玉儿在门口晒菜，嫂子捡起一块石头，嗖地打散了一对在院里做好事的狗："千人踏万人跨的烂货，砸死你……"

昨天，娘把他叫到老屋，远远近近的亲戚坐了一屋子，大姑、二舅、三姨都做他的思想工作，核心是一句话："王家的脸丢不起，趁现在没孩子，赶紧离！"

乡长和玉儿的事像一枚钉子楔入焕强的脑袋，无数想象的画面不召而来，挥之不去。白天恍恍惚惚，晚上头痛欲裂，心理上和生理上的不洁感像蛇一样啃噬着焕强的心。

焕强自认为自己是一个没有主意的人，但这一次他确实六神无主了。

玉儿从娘家一回来，焕强就像孩子一样钻进她的怀里，哭了。

这是一个男人屈辱而无奈的泪水。

冰凉的泪水提醒她，一切都已经无法挽回了。

玉儿是傍晚才到的家。她到娘家去住了几天，娘家其实没有娘，也没有爹，只有兄嫂两人。哥哥他们显然也听说了这件事，脸色就不大好看。嫂子常常不阴不阳地问她："焕强什么时候来接你啊？"她虽然在哥家里什么事儿都抢着做，但还是讨不得嫂子欢心。而且，娘家村子里咸咸淡淡的言语并不比自己村子里少。

要不是忽然记起今天是结婚两周年的日子，玉儿今天大概还不会回去。上午她还在水库里恍恍惚惚地洗衣裳，忽然就记起了今天这个不同寻常的日子。玉儿永远忘不了两年前令人心跳的那夜，她和焕强两个人互相探索着完成了一桩神秘而伟大的事业。尽管对玉儿来说这已不是第一次，但她却永远认为焕强才是她真正的第一个男人。在那一夜，她第一次真正领略到作为一个女人的全部价值，激动和快乐甚至淹没了她的羞怯。她奋不顾身地用二十岁的生命去探索一切，证明一切。

而跟那人的那一次，留下的只有慌乱、疼痛和屈辱。

但玉儿不后悔。那件事败露以后，她也没有后悔，对那个人也没有仇恨，甚至也不恨自己。本来嘛，这种事儿在乡村剧团里也不值得大惊小怪的。

但是，玉儿对这个原来蒙在鼓里的民办教师多少有些愧疚。他太纯洁，太善良，太会酸溜溜地来事儿。每次精疲力竭之后，玉儿望着一旁酣睡的男人，常常会涌起一种感恩的冲动。玉儿想：来世有个清白身，还嫁给你。

事发以后，玉儿寻死觅活闹过几回。其实她并不想真死。她想，这样假死一次，等于把那罪过减去了一分，也该是对得起他了。

事实却远没有这样简单。

玉儿倒不怕别人的唾沫星子，她担心的是焕强自己。设身处地地想想，也难怪他感到委屈。在娘家那些天，她碰到村里的一个公路包头，心里一亮：要是和焕强到外头清清静静躲几年，也许不无好处，少了这些鸡嘴鸭舌，男人的心渐渐平了也难说。

所以玉儿今天回家，特别买了两瓶酒，一则是结婚纪念，一则也是借酒把外出这个话头给引出来的意思。

想不到一踏进家门，焕强就躲进自己的怀里，孩子般地哭开了。

男人冰凉的泪水提醒玉儿：一切都已经无可挽回了。

玉儿轻而易举就找到了丈夫自以为藏得天衣无缝的那个装满农药的小酒坛子。

想不到他的心竟也如此地硬。也好，来世有个清白身，再嫁给你。

现在，焕强和玉儿都已经别无退路。

凌晨，浙东山区的夜浓重而寒冷。深夜的高电压使电灯变得格外惨白刺目。灯下，一对男女正在盛装打扮。女的给男的整好制服，仔细地扣上风纪扣，男的给女的描上最后一笔眉毛。

一切都准备妥了。

男的盯着女的，女的盯着男的。

男的忽然说："唱一段吧。"

女的也说："唱一段。"

男的取过二胡，轻拉微按，女的压着嗓子唱起来：

官啊人好比天上月

为妻我好比月啦边星

那月若亮来星也明

月若暗来星也昏
官人若有千斤担
为妻我分挑五百斤……

两个酒杯碰在一起，发出一声欢悦的低叫。

隔壁，男的转一个身："隔壁好久没什么动静，今儿怎么又疯上了？"

女的拧一把男人的胳膊："没用的货，总比不过人家……"

男的说："你也比不上人家啊……"

女的手下劲儿使得更大："那你去找那个烂货呀！千人踏万人跨的烂货。"

男的讨饶了："睡觉睡觉，三更半夜的……"

两人翻个身，又睡去了。

老鹅与小鹅

说绍兴兰亭有两鹅，一大一小，一老一少。这两鹅非同寻常，乃是当年王羲之以手书《道德经》换来的。王老仙逝已有年矣，可这两鹅却自青山绿水、书精墨华得了灵气，一直康健至今。那老鹅容光焕发，精神矍铄，每日里红掌绿波轻舒缓展，操练鹤翔桩之类，刻意修炼。那小鹅却依旧顽皮淘气，童心不泯，读烂了茂林修竹，听厌了流觞曲水，近年来又颇受了些形形色色旅游男女的挑逗，凡心萌动，一心想走出这藩篱高墙，闯荡大千世界。

这一日，老鹅正在书房临摹《兰亭集序》，小鹅瞅个空子，溜出门来，挤上了3路公共汽车。车水马龙，好不热闹。小鹅摆着八字步，神态俨然地徜徉在解放路，真个是眼花缭乱，目不暇接。一时兴高采烈跃跃欲试，忽听得“戆戆戆”一片叫声，细听，竟是同类语言。那小鹅在兰亭关了一千多年，此刻，听到同类叫唤是何等亲切，当即精神一振，赶将进去。

这是一座高大宽敞的建筑物，房内层层叠叠排列着许多铁丝小房子，铁丝幽幽地闪着光亮，证明着它们的昂贵和坚固。它的同类们见它进来，“戆戆戆”叫得更欢了。小鹅心里痒痒的，径自走进一间开着的小房子。

“此何地也？”小鹅问它的邻居们。

“这里是环球农工商公司机械化养鹅场。本场从国外引进全套设备，实行产供销一条龙服务，具有世界先进水平。”

“请问尊姓大名？”

“我们是80年代杂交的最新品种，具有速生、超壮、肉质细腻、白嫩爽口等特点，深受消费者欢迎，远销欧美及港澳地区，世界首创，誉满全球。”

说话间，忽然铃声大作，原来是吃饭时间到了。但见小门前的皮带缓缓传动，中饭送上来了。

“这种X—Y配合饲料采用最新科学配方，营养好，饲料转化率高，你尝尝，味道好极了。”邻居们热情地向小鹅介绍。

那小鹅刚才赶了许多路途，早已饥肠辘辘，平日在兰亭三餐素淡，今天见此佳肴，哪肯放过，当即狼吞虎咽吃将起来。味道果然好极了，小鹅边吃边赞叹：“顶呱呱——顶呱呱——”

饭毕，邻居们领着小鹅参观了去毛车间、屠宰车间、电热烹烤车间以及包装流水线，邻居们七嘴八舌，头头是道，小鹅听得津津有味，心下只一个劲地替老鹅惋惜，竟不能同来。

且说那老鹅数日不见小鹅，寻遍翠竹绿波全无踪影，知道坏事，忙托兰亭书法学会的同事们打听消息。他们花了九牛二虎之力，终于找到了小鹅——它高踞于环球农工商公司食品门市部的货架上。只见它全身穿华丽的天鹅牌塑料包装袋，表情安详自如，仿佛如此结果，已十分幸福满足矣。

阿　二

这个地方有一个共同的姓，都姓阿，阿红阿娟，阿五阿六，他在家排行老二，大家都叫他阿二。

很不幸，五十来岁的阿二被查出得了恶病——一个头字。这个地方的语言很含蓄，不会直愣愣地叫癌，多难听。

阿二仿佛看到周遭的人都斜眼瞟着他，若无其事地交头接耳：一个头字，一个头字。

阿二一直有一个心愿，抢在大限到来之前，他决心实施这一宏大的心愿：坐一回三轮！

坐三轮的情景像电影，在阿二的脑海里来来回回放了一千遍。

西装、皮鞋、密码箱，昂首阔步走出车站，手一扬（可以考虑打个响指）："三轮车！"

或者轻衣软鞋，墨镜腰带，面对包围上来的三轮车夫，视若无睹旁若无人，径自坐上近旁的一辆三轮，拍出一张大票："咸亨大酒店！"

再不济就是个出差干部，制服、呢帽、旅游包，毫不留情地杀价，气势汹汹地吓唬：“咱们管理站见！”镇得车夫们一愣一愣的。

阿二仿佛坐在了三轮的皮椅上，跷着二郎腿，抽着大中华，居高临下地检阅街景，欣赏美女，一边摇头晃脑地哼着绍剧：我手执钢鞭将你打，打打打……

阿二被脑海里的电影折磨得欲仙欲死，坐卧不宁，决定独自去省城走一趟，理由是静一静，散散心。

最后，他冲一致劝阻他的家人吼：“就让我做一回主吧，你们！”

阿二垂头丧气地站在杭州城站出口处的台阶上，揽生意的三轮车夫多得像夏天的苍蝇一样嗡嗡乱飞，可就没有一只朝他叮一下。他看着一辆辆满的空的三轮飞驰而去，好几次鼓足勇气想喊：“三轮车！”可话到嘴边又咽了回去。

好不容易他扯住了一个小子。

“干什么？”小子问。

“坐车啊！”

“我还以为你问路呢。去哪里？”

“唔唔，随便。”

小子大模大样地拍拍阿二的肩膀：“师傅帮帮忙好勿啦，我可没空闲开玩笑。”

阿二发狠地拍出两张“大团结”：“走不走？！”

“走走走，我走——”

小子显然是个新手，蹬得全然不得要领，逢到上坡，更是弓腰抵足，上气不接下气，真比自己蹬还费力气。

后来“咔嚓”一下，三轮干脆罢工，不动了。

小子赶紧把车弄到路旁，瞪着眼没辙了。

阿二俯身看了看三轮，这是哪门子破三轮，链条脱了，刹车失灵，轮胎气也不足。

阿二熟门熟路地从工具箱里拿出工具，三下五除二收拾完车子，回过头来教训小子："就你这样的破车、破本事也敢出来混这一行？去，坐后面去。"

阿二熟门熟路地跨上三轮，轻快地蹬起来："蹬车要用巧劲，像你这样使蛮力，力气再大也蹬不了多会儿。"

小子钦佩道："老师傅你真厉害。"

"那是，都蹬了一辈子三轮了。"

阿二骄傲地一甩头，顺手拨出一串铃声：丁零零零……

阿二死了，走得很安详。

早　春

二月四日是立春。

立春又叫“交春”，冬春相接相交的意思。过了这一天，像是跨过了一道门槛，俨然是屋里屋外两个世界了。虽说也还有寒风料峭、雨雪威严，可料峭威严中，分明多了那么一点儿柔情，那么一点儿暖意。皱起鼻子细辨，能闻到一股清新湿润的泥土芬芳，那是大地苏醒过来，缓缓地蒸腾地气。如果下一点雪，那雪也是没筋没骨，软乎乎松垮垮的，全没了先前的精神，一沾地便化。

向阳的山坡上，不知什么时候，竟钻出了许多野草：清秀娴静的麦草，大大咧咧的长毛草，紧贴地面悄无声息的车前子，而鸡毛草，简直像一群刚破壳的小鸡雏，探头探脑，冒冒失失，啁啁啾啾地叫成一片。山里孩子各拎了镰刀竹篮，吵吵嚷嚷地挖草去了。在黑乎乎的烧荒地里，那些嫩绿的小小生命，鲜亮喜悦了孩子们的眼睛；而孩子们清亮的笑声，则把更多的草籽从冬眠的甜梦中吵醒。田野、路边，屋前屋后的泥地上，星星点点，闪闪烁烁，随处可见草们绰约的身姿。

这时节，不论推开谁家的兔房，都可以听到一片欢喜的咀嚼声了。

“春牛图要？一年早知道，卖春牛图啰！”

长长的叫声响过，照例，家家户户的照壁上，便赫然贴了一方红纸。纸上，一头雄健扎壮的牯牛正抵足弓腰努力着，仿佛犁开了热气腾腾的春泥。牛的四周，密密麻麻满排着二十四个节气。

雨水，惊蛰，春分……

山里人三三两两聚在一起，盘算着开春后的日子。山里的光阴过得紧，一个节气有一个节气的生活：谷雨采茶，大暑摘烟，及至过了冬至，还要斫柴卖木起新屋。季季相接，节节相赶，容不得丝毫懈怠的。

过了年便要种洋芋了。一筛一筛挂在楼板下的洋芋子，嫩芽已长出尺把长，都快拱破楼板了。多少活儿等着啊，翻地、烧灰、运肥……

春节的气氛还正浓，家家户户大门上的红纸春联还鲜鲜亮亮像五分钟前刚贴上去的，春联大多写的是：

人勤春来早
早春催人勤

写春联

在这个像一粒沙子藏在大山皱纹里的小村子里，我这个大学生可算是大学问家，于是每年写春联的任务就别无选择地落到了我的头上。

大年三十一早，我鼓起“舍我其谁”的勇气，将一管六角七分钱的毛笔摇得呼呼生风，观众们在一旁齐声叫好，我越是龙飞凤舞，自个儿也不认得自个儿笔下的字，观众们的喝声就越是高。字写不好，一时半会没办法，词儿不可以写得新鲜贴切点吗？光抄人家本子上的算什么能耐！当下打定了主意：从各家实际情况出发，因地制宜，现编现写，把肚子里的墨水抖搂抖搂，也不枉读了这十几年书。

有根一家起早贪黑特勤劳，我给他写了一副“人勤春来早，早春催人勤”，读给他听，他嘿嘿地笑，看得出是真心实意的满意。“和和睦睦亲亲热热，恩恩爱爱快快乐乐”，横批：“团结就是力量”。这是给丹凤的，看她的脸红了，她当然知道这是对他们小两口善意的批评和新年的祝愿。小姑姑家住村外，三面环山，一面临水，我咬破笔杆挤出一联：“开门见山山不老，落花流水水有情。”二婶一家做工的做工，务农的务农，读书的读书，我拟了一联曰：“半耕半读人家，亦工亦农门庭。”文绉绉的，颇得念过几年私塾的二爷的好评。银灿、银焕兄弟俩也来写联了，我给他们一模一样写了两副：“一夕除去千日争，初日迎来万年和。”明天两人相互见了对方门上的对联，这对心照不宣的吵架兄弟想必不无触动吧。

眨眼天就黑了，自己家里的春联还没写呢，许是刚才把脑汁绞完了，现在脑袋里一片空白，我急得绕着屋子团团转。忽然我看到房门两侧一左一右有两个漂亮的燕窝，遥想阳春三月吉燕双飞、春声绕梁的情景。于是，灵感大发，当即笔走龙蛇：“叽叽叽叽叽喜喜喜喜喜，喳喳喳喳喳佳佳佳佳佳”，横批是“燕吉人祥”。端详再三，觉得言犹未尽，又使出气死李白的“惯技”，凑成两联，分贴于左右侧门。左门联是：“谢王堂前何曾去，永驻寻常百姓家。”右门联是：“两个紫燕鸣红门，一片春声上蓝天。”写毕，摇头晃脑，喜不自胜，忙唤老父老母共赏奇文。老父老母仔细看了半晌，庄严地表示满意。老父说：“嘿嘿，好！”老母说：“字多，好！”

嗐，我忘了老父老母是不识字的！

父亲进城

“锄麦，帮人家起新屋，什么不可以干呢？”父亲摇着头，呼哧呼哧地感慨。他倚门望着远处，远处，是郊外朦朦胧胧的田野。早已过了小寒，地里该是没有多少活计了的，空荡荡的，不见一个人影。我们认为这正是接父亲来城里小住的最佳时机，死活拉了他来。父亲劳累了大半世，现在该是喘口气的时候了。而且，城里的干燥的楼房和阳台上的阳光，对于他的气管炎，也不无裨益。

“天气好你就晒晒太阳。把皮肉晒得软软的，骨头晒得酥酥的，喝点酒，抽支烟，美美地迷糊一阵。成天干活干活，干了大半辈子，还没干够啊！”我没好气地说着，备了花生米、加饭酒、躺椅，放在阳台上。

父亲平生喜好的就是一个酒。从山里干活回来，总要意味深长地呷几口，说：“酒这玩意儿，知道山里人的累呢！”

果然，他依言在椅子上躺下来。

一会儿，他叫起来：“这是什么老酒？”

“正宗加饭酒，国际上得过金奖的。怎么啦？”

“淡！”

“去年我带回家的那一坛，一样的货色，你夸不迭声呢！”

父亲语塞，然后怀疑地摇头：“煞淡煞淡。”

父亲终于坐不住，叫着找活儿干。家里有什么活儿可干呢，无非就是烧饭、洗衣之类。父亲堂堂男子汉，从来不干这些婆婆妈妈的活儿的。于是便翻来覆去拖地板。偏偏他不习惯换拖鞋，烟蒂又到处乱扔，因此总是功过相抵，白费力气。后来又自告奋勇争去了买菜的重任，觉得在城里，还是青菜、萝卜跟自己熟悉、亲热。可在小菜场转了大半天，还是两手空空。据说他在小菜场老跟菜农讨论种菜的学问什么的，回家则发一通对菜价的感慨和对城里居民的同情，颇有些忧患意识。最后的结论是，哪儿也比不上我们山里好。只要有力气，哪样没有？青菜、萝卜不必说，春天毛笋，夏天瓜果，二三百斤的年猪坛坛罐罐腌了，一直吃到立秋。眼下正是菜季，油冬菜、茭菜、包心菜，山前山后一片片绿得逼人眼睛……

“这么好的天气，什么不可以干呢？”父亲照例倚着门框，望着远处朦朦胧胧的田野，墙壁上的身影由长变短，又由短变长。

这天我下班回家，却不见父亲。最后我发现他在楼下建筑工地的空地上弯腰掘地。不知从哪里捡来的一把铁镐，一点点鸡啄米似的啃，竟啃了足有二分多。地整得十分漂亮，笔直的垄，平展展的畦，每一个疙瘩都被细细地敲碎了、碾细了。见我来了，他直起腰来，随手捏碎了一个土块，泥土纷纷扬扬从他的指缝洒落下来：“多肥的土地啊！我在菜场上向菜农要了点菜籽，这段时间天气好，兴许种得活呢。”

天气确实好，河边的柳树都发出新芽了。这是一个少见的暖冬。

晚上的酒，父亲喝得竟有些醉了，不迭声地赞好酒好酒。

现在，父亲已经回家，回到那重重叠叠的大山里去了。我们已经开始享用那块菜地里的蔬菜了。碧绿的油冬菜，嫩黄的茭菜，白生生的包心菜，装了一篮又一篮。

老妈的钱包

周日，梅整理库房，整出了一捆纸板箱，顺手就扔进了垃圾箱。

我心头一悸：要是老妈在就好了，她一定会欢天喜地地收起来，等收废纸的上门时小赚一笔。可惜她老人家现在躺在养老院，痛失了这一“发财良机”。

老妈极爱财，一辈子熬熬省省，一个子儿恨不得掰作两半花。记得有一年家里好不容易杀了头年猪，老妈看我们兄弟俩眼巴巴的，狠狠心留了一个猪头过年。可待到猪头煮熟，她又后悔了，硬生生切下半个熟猪头，端到祠堂门口卖了。我们兄弟俩眼看到手的肥年瞬间打了个对折。老妈也开了里白岩卖熟肉的先例。

后来我们兄弟俩先后成了“工作同志”，我们家在村里也算是一等一的人家了，可老妈凡事“寒抖抖”的毛病一点没变。过年过节我们捎回家的东西，能卖的一转手就卖了；不能卖的，七转八转又转回了我们兄弟俩家。

那一年姝不是发了吗？过年回家给老妈买了件貂。姝和老妈本来还有点疙瘩，因为老妈在我们婚前竭力反对这门婚事，闹得满村风雨。姝漂亮，又是村里“唯二”的大学生，但老妈年轻时随老爸在各个造桥工地敲石子，毕竟是跑过三江六码头的，眼界就比较高：儿子好不容易考上大学“出山”了，为什么还要娶一个同村的山里姑娘，何况她家那么穷，兄弟那么多，以后“小礼送送都送煞个人”，核心意思就是：城里姑娘不香吗？况且当时她来绍兴小住，看到过几个模样周正、打扮入时的城里姑娘来宿舍串门——那是我“星期三诗社”的诗友，当下就有了一厢情愿，那段时间每日在我跟前“聒噪”。

所以这次姝突出豪手，除了表达孝心，我忖忖可能也有拿钱一泄当年龃龉、恩怨的意思。

姝没想到的是，她的这番心意竟成了老妈的“烫手山芋”。一听说这件毛茸茸的大衣要三千块钱，心疼得“大肉都抖落”。偏偏这玩意儿卖又卖不出，转给我们又明显不合适，她整整愁了一年。

次年过年，她拉着回家过年的儿媳妇“痛说貂史”，倒了憋了一年的话，核心意思是，那些花里胡哨的礼物以后别再买了，这哪是什么孝心？简直就是“绞心”——绞得人心痛。

姝自然明白，当即点出三千块，说衣服去海宁皮革城退退看。

这可能是老妈荷包的“巅峰时刻”，差不多有万把元钱了。这时的老妈，内心是笃定嘚瑟的，一次和邻居“讲滩头”露出过一句：“以前广播上总说万元户如何如何，我看万元户也没什么好稀奇的！”神情很有那么几分傲娇。殊不知此万元和彼万元早已有了云泥之别。

对了，荷包就是我当年送给她的大哥大包，这可是她的命根子，无论走到哪里，她都紧紧攥在手里。

真应了“怕什么，来什么”的老话，此后相当长时间，一个经常闪回的镜头是“我的包呢，我的包呢？刚刚还在的呢”，后来接到老太太电话，十有八九是钱包不见了。

于是我们百里迢迢赶过去帮她找包，找到包老太太才能安定下来，如此循环往复。

姝还给老妈买了一个手机，这回她倒是爽快地收下了。听说她爱在里白岩祠堂门口的小店打手机，“喂喂喂”的声音大得小半个村子都能听到，收割了一大拨人“羡慕嫉妒恨”的目光。

我问她：“不缺你吃不缺你穿，藏那么多钱干吗？你现在也不方便上街买东西，何况钱包掖得也不安全，钱包还是我们替你保管吧？”她一听，一把将钱包死死攥在手里，正色道：“谁说我的钱没用，我还要给孙女派压岁钱呢，我还要给她置办嫁妆呢！再说了，你们外公外婆什么也没给我传下，我可不想像他们一样！”

其实我只是逗逗她，像大人逗孩子一样，以欣赏她一本正经、着急的模样为乐。

回家后，梅严肃地说：“下次可不敢再逗老妈了，看把老太太急的！”

想想也是，这钱包既是老妈的安全感、存在感，或许还有几分使命感哩，开不得玩笑的。

和姝动不动貂皮、手机的大手笔不同，梅对老太太更多的是小恩小惠，细水长流。日常节目是带老太太逛超市，吃自助餐。梅懂得老太太那一代从饥饿、匮乏时代走过来的人的“基本诉求”。

老太太面对超市里堆成山的商品，不知如何是好。梅说：“你随便拿，我有卡，反正不花钱。”一开始，老太太小心翼翼地挑了两筒挂面、一筐鸡蛋，慢慢地也就放开了手脚，想必是那句“反正不花钱”鼓舞了她。

最后，推着小山一样的购物车走出超市时，估计是她这辈子最开心的时间之一，瞧她每一道皱纹都笑出了花。

下一个节目是去开元吃自助餐。在车上，梅告诉老太太："自助餐的钱付过了，吃多吃少、吃好吃贱，都是这个价，能不能吃回本全凭你的本事了。"

"吃谁不会呀，伢农民做做吃吃，一会做，二会吃！"老太太一脸斗志昂扬、信心满满。

可真到了自助餐厅，两屉包子就把老太太放倒了："多好的富强粉大肉包呀，这要放在以前，县长、省长也不一定吃得上。别劝我，我就要富强粉大肉包！"

老太太管所有的白面馒头叫富强粉馒头，时常不解地嘟囔道："打哪儿冒出这么多富强粉馒头呢？这是富强粉造反了吗？"

"当年跟你爸在金华鹜江大桥工地过年时吃过富强粉大肉包，食堂限量供应，一人两个，那叫一个香！有时候半夜醒来，还在咂巴这个味。"老太太又抖出了说不尽的"陈年烂谷子"。

当我们把煎牛排、三文鱼、大闸蟹端给老太太时，老太太哪里还干得动？

"168元一位的自助餐，你顶多吃回了16元，老妈你是不是亏大发了？"

"不亏，反正我就是觉得富强粉大肉包最好吃！"

临了，老太太又感叹："现在这日子过得，不必说地主老财，慈禧太后也不过如此吧？"

说者无心，听者有意，第二天，梅就带着老妈去看太后了——

在横店的仿制版故宫。老太太坐在金銮殿的龙椅上，笑得来“一天世界”。

后来，这张照片被“刻意”地传回里白岩，又收割了一拨“羡慕嫉妒恨”。

年龄不饶人，老妈的身体终究是一天不如一天了，最后不情不愿进了新昌城里的养老院。

我们大约每月跑一趟养老院，那段时间老太太身体还好，医生说她身体达成某种平衡了。在“平衡”期间，老太太脑子格外清醒，翻来覆去跟我们说，要给孙女置办一份像样的嫁妆，“人活一世，总得传下点什么吧，不然不是白来一遭了”？

更多的时候，老太太沉吟不语。欲言又止，若有所思，好像在憋什么大招。

平常时间容易过，一眨眼四五年过去了，可细心的梅却看出了不平常，她发现老太太钱包里的钱以每月一张的速度在递减。这是怎么回事？

平时我们和护工的关系很好，毕竟老太太全凭她照顾，节头节脑梅都不忘发个红包。

我们把护工叫到门外，护工说：“老太太不让我跟你们说，那天电视上报道本县一个彩民中了一等奖，乖乖，整整一千万元呢！老太太看了差点从床上蹦起来：‘我中了的话，一定要给孙女置办一份全村最体面的嫁妆，请全村上绍兴开元吃一顿自助餐！’打那天开始，老太太都会叫我每月定期买一百元福利彩票。”

原来老太太憋的大招是这个！

原来如此。以我对老太太的了解，护工说的应该是真话。

梅说："钱包里还有三千八百元，要不我们帮她保管了吧？"

"别，这是老太太的一个心愿、一份希望。也许正是这份希望，支撑着她走到了今天。而且，万一接下来真的中了大奖呢？"我说。

梅狠狠地捺了一下我的头："你们母子呀，老都老了，都挡不住一颗想发财的心！"

她指的是我日渐缩水的股票账户。

"想当年，老太太半个猪头都舍不得留下，买彩票出手倒爽快！"

"这哪能一样，一个是消费，一个是投资。"老太太躺在床上有口难辩，做儿子的禁不住帮腔。

"梦想还是要有的，万一实现了呢？越是苦出身，越是想发财，扪心自问一下，你不想吗？"我嘴上自是不饶。

梅一时语塞。"罢罢罢，老都老了，就让你们活在梦想里吧。"梅无奈地替自己解围。

老妈的身体终究是一日不如一日了，上面插着食管，下面插着导尿管，几近植物人。我们去看她，她也几乎认不出了。只有当我们逗她："送你回里白岩好不好呀？"她才哇的一声，一副要哭出来的样子。

有人劝我，老太太这样"吊"着也没有意义。我说，对老太太来说可能确实没有什么意义，于我而言，却至少还有一声"老妈"可以叫！

不像老爸走得匆忙，对老妈我自觉是尽了心的，吃的、穿的、玩的，能想到的都想到了。

然而，此时此刻，我还是觉得愧得慌，恨自己没能在她还能说话时多陪她唠唠那些"陈年烂谷子"，扯扯那些令她魂牵梦萦的"张家长、李家短”，哪怕重复一千次，一万次！

梅去翻看老太太的钱包，只剩下薄薄的八张了。这次我毫不客气地将它们全部揣进了口袋，准备今年过年给她孙女做压岁钱。

老妈的钱包彻底空空如也。

有人说，生老病死生老病死，从生到死隔着老和病，就是让人对最后一个字有一个缓冲和接受的过程。虽说我对结果早已有了预期，但面对老妈一下子清空的钱包，我的心不知怎的也一下子空了。

邻 居

住进张家台门已经有一年多了。一年多来，我学会了不少东西，譬如说学会了随手关门。这随手关门的“手”字用得有些问题，其实是前脚进门，后脚搭住门底框一勾，一闪身，“砰！”身后的门就关上了。这一连串的动作，一环接一环，做得洒脱、浑熟，但比起我的邻居们来，水平大概还差一截。说实话，这一套我全是打他们那里学来的。对于一个乳臭未干的大学生来说，我发现，要学的东西实在是太多了。本来我以为，炒菜、烧饭、洗衣服、啃猪蹄什么的，实在是不必关起门来害羞的。

我还学会了“白内障”。知道什么叫“白内障”吗？举个例子说吧，譬如正在街上走，对面来了个邻居，这时候，我应该不慌不忙、目不斜视地和邻居错肩而过。“我得了白内障，什么也没看见。”当然，学这一套对我来说稍微难了一点。特别是开始的时候，我总是不争气、不自觉地露出些笑容来，企图问声好，哪怕点一下头什么的。好在我是个虚心好学的人，又要强，便暗地里不动声色地揣摩、领会。功夫不负有心人，现在到底长进多了。

不过最近我遇到了一个意想不到的困难。事情是这样的，我回家接母亲来城里小住，在回城的汽车上，恰好跟一邻居，不，邻居家的姑娘坐在一起。我刚刚又要患“白内障”，母亲却客气，一定要姑娘分享我们家乡的土产，动员我一次次地掏旅行袋。这一来，得，非但“白内障”患不成了，且两眼熠熠地放起光来：这小妞端的一副好脸蛋！

事情的发展更是始料未及的。当晚到家，来不及安顿好，母亲就匆匆敲开邻居一扇扇紧闭的板门，送过去一捧捧花生、板栗、薯片……而且，第二天整天没关门，说是屋里地气足，潮，不开门晒晒太阳，人住着是要生病的。

怎么说呢，我不知道该高兴还是该沮丧。不过，门开着，偷看邻家姑娘是方便多了。当她仪态万方地走过我的门口时，我的眼睛便不争气、不自觉地贼亮贼亮起来。我已经打定主意，要是哪一天上街碰到她，一定要冲她一笑，哪怕吓她一大跳呢！

割稻时节

又是割稻时节。

今年的稻子长得真好啊，那么粗，那么高，简直像一棵棵树，用柴刀砍起来才痛快呢！她甜滋滋地想着，手上的镰刀挥得又急又密。她觉得自己的手太小，三两棵稻禾就够满满抱一怀的了。抱着满怀的稻子，就像抱着一个胖乎乎的婴孩，成熟的稻子散发着温馨的乳香。稻子就是他们的孩子呀。他们花了多少爱情和力气。

她直起腰来，长长地打了个哈欠，仿佛刚从沉醉的甜梦中苏醒过来。她觉得全身涌起巨大的疲累和舒适。山上山下的稻子都熟了。到处都是弓腰挥镰的割稻人。往日寂静的山谷，几乎要沸腾起来。一队山民打着号子，挑着垒出尖头的谷箩，艰难而欢快地走在缠缠绕绕的山路上。在自己的土地上干活，这帮山里人好像有使不完的劲。

她把目光收回来，打量着自家田里的稻子。谁不夸他们家的稻子长得特别好呢？它们摩肩接踵，挤挤挨挨，密匝匝把脑袋凑在一起，仿佛交头接耳传播着一个神秘有趣的故事。有时候—— 往往是当风从远方带来好消息的时候，它们就会爆发出“嚓嚓嚓、啦啦啦”的欢呼声，真像自己做姑娘家时那股无拘无束而又故作神秘的疯劲儿啊！

这时，她看到一个黑皮肤的男孩挥舞着一把巨大的金镰在阳光下一蹦一跳。一会儿，没入茂密的稻林中去了，她走过去看清那根本不是什么男孩，而是他老公！

她不禁羞涩地微笑了。近来，这个黑皮肤的男孩总在她的脑海里跳动，而且，她那么喜欢吃酸。也许，在另一片土地上，另一个收获季节即将到来了。

她看老公闷头割着，他赤裸的熟铁一般的膀子起起伏伏，在阳光下熠熠闪着光亮。这是什么样的大手哟，一镰刀过去，七八棵稻子就齐刷刷地倒下了。他累了吗？他一定累了。可种田人，种的就是自己的力气呀！不过到了冬天，一定要好好养他一养。今年的稻子这么好，红的老酒，白的年糕，管够……冬天的被窝多么温暖啊，任雪没头没脑地去下吧，厚厚地覆盖他们静悄悄的屋顶和梦境。她想着，脸不禁红了。

“喂，歇会儿吧。”她从点心篮里端出两大碗榨面。

田头立时响起一片欢快的咀嚼声。

山里的声音

与城里喧嚣的市声不同，山里，有山里的声音。

过了惊蛰，山里各种声音多起来：“呱呱呱，呱呱呱”，满山此起彼伏的蛙鸣；“个个大，个个大”，这是开春的母鸡在向主妇报喜请功；“哞——”终于走出冬天反省沉思的哲学家老黄牛站在山岗上，豪情满怀，引吭高歌——又是一个出大力、流大汗的季节到来啦！

不少山里人都练得一张好嘴，学什么像什么，特别是其中有个叫刘国全的，更绝，他学鸟叫，能招来百鸟；学蛙鸣，能逗得满山遍野的蛙声嘹亮起来；半夜学鸡啼，“喔喔喔”，满村子的灯便亮了。他随便捡一枚柳叶，一截麦秆，就能“哩呜哩呜”吹出极动听的山歌小调来。本地产一种小竹，逶逶迤迤沿溪挤了数十里。选拇指粗的小竹，截成笔杆长短，一端竹面钻一小孔，头上装一细杆，这就是竹哨了。吹奏时往复拉动细杆，声音委婉清亮，比真“绣娘”还好听。

刘国全玩声音玩出了名：不务正业，花花嘴，二流子！

这几年，刘国全办了一个小厂，专门生产各档竹哨，运往城里，销路很好。刘国全叫工人满山遍野去捉知了、蝈蝈，用拳头大的小竹笼装了，挑到街上，就是极好的商品。城里的孩子见了知了、蝈蝈担子便不肯走。刘国全的广告也做得好，噘起嘴巴，一串串“吱吱吱”“呱呱呱”的声音，惟妙惟肖，活灵活现，简直成了一个大蝈蝈、大知了。

刘国全又出名了。全县表彰大会上，县长握住他的手，夸他是“声音专业户”。

刘国全发财了。他给山里带来了许多山里人听不到的声音：录音机蓬嚓嚓，电子琴哇哇哇，摩托车嘟嘟嘟。

从此，喧嚣的城里，多了几句山里清音；而山里呢，朴素的山籁中，又增添了那么一些热闹的市声。

快乐的穷夫妻

我不幸就找了一个人民教师，她更不幸地找了个机关阿办。两个穷光蛋碰在一起，这穷日子——偏偏过得很开心。

星期天，我们相携上街。一到街上我就悔了，商店里五彩缤纷的衣裳吓得我四肢发软。果然，人民教师在一套大花头的真丝套裙前站住不肯动了。我心里直发紧，可又不得不承认，她穿上这条裙子一定能为美化市容做出贡献。

良久，她垂下头说：“回吧。”

往回走的时候，路过一家书店，我的双脚不由自主地斜了进去。在一排排琳琅满目的新书前，我如醉如痴，特别是当看到一套《莎士比亚全集》时，更是全身通了电似的。直吓得一旁的人民教师魂不守舍。她平素最怕的就是书店，她知道书架上那些大名鼎鼎的家伙会神不知鬼不觉地把她的机关阿办掏个精光。关键时刻她果断地狠拧了我一把：“还有五天！”我恍然大悟，一边咬牙切齿地忍住痛，一边努力向营业员小姐挤出微笑。

五天以后是发工资的大喜日子，我兴冲冲地抱着一套真丝套裙下班回到家，见桌上已赫然放着一套《莎士比亚全集》。

机关阿办扑向人民教师，人民教师扑向机关阿办，很快“团结”得如同一人了。

“今天咱们喝一杯！”

“今天喝一杯咱们！”

“上饭馆！”

“饭馆上！”

两人趾高气扬来到饭馆，精神抖擞地坐下。

“你点！”

“你点！”

“点就点！”机关阿办下定决心不怕牺牲，“啤酒来……一瓶！”

“哼，看我的！”人民教师排除万难争取更大胜利，“咸菜肉丝面来……两碗！”

家庭财政“百日维新”记

结婚了，自立门户单过了，小两口都是那种“大条”的人，一开始拿了工资往那抽屉里一放，“两把钥匙一把锁”，用钱时各自从抽屉里拿钱，倒也潇洒自在。

但好景不长，不出两月，就立即出现了家庭经济危机，于是小两口紧急磋商，共议理财大计。一番唇枪舌剑后，财权最终落到了妻子手中，我乖乖地败下阵来。

新官上任三把火，妻兴致勃勃地买来了《家庭科学理财手册》，建立了“家庭收支月报”，并煞有介事地颁布了三条措施：一、实行“行政首长”负责制，凡涉及家庭财务事宜，一概全权统管；二、严肃家庭财务纪律，实行一把锁管钱、一支笔批钱、一本账花钱制度；三、家庭成员所有收入必须全额上缴，零用钱按上缴的10%返还，包干使用。

一开始，我还没觉出什么，无权无责落得个清静，何乐而不为？

可是过不了几天，问题的严重性就显露出来了。那二十来块零花钱，还不够我半个月的烟钱呢。堂堂男子汉，囊中羞涩像话吗？！

于是，我略施小计，抛出了三项对策：一是瞒天过海，采取隐瞒收入、克扣菜金等手段，发展“小金库”；二是巧搭便船，凡是夫妻两人活动，我一概不带零钱；三是先斩后奏，软磨硬泡，千方百计争取预算外报销。

如此三个月下来，妻翻开账簿一算，乖乖，竟比“维新”前赤字还大。她气急败坏地把《家庭科学理财手册》一摔，不干了！

我挤眉弄眼地开导她：“没有金刚钻，就别揽瓷器活，领导是那么好当的吗？”

妻把柳眉一竖，怒道：“说得倒轻巧，你来干干看？”

“好吧，试就试试。”我等的就是她这句话，表面上装作勉为其难，心里早就乐开了花。

诸位要问我的“政绩”如何？嘿，实不相瞒，不到一个月，我就自己罢了“官”。

这场“维新运动”前前后后刚好一百天。如今，我们家又回到了两把钥匙一把锁的时代。所不同的是，经过这一番折腾，夫妻俩增强了民主理财的意识，也比过去更懂得节约用钱和计划花钱了。

车过三阳

壬申年七月廿七，余自杭州往黄山，一路上青山滴翠，惠风和畅，不在话下。

车过余杭地界，车子一头扎进了大山腹部。正打盹间，忽听邻座一声欢呼，睁开惺忪睡眼望去：端的好一座村庄！但见乌瓦粉墙，重檐骑楼，雕梁画壁，一派古风。檐下墙角，必用浓墨饰了双线，宛如女子画眉，门楣上方多有壁画，花鸟虫鱼、山川人物、故事演义，无不毫发毕现，栩栩如生。最奇的是老宅新楼，浑然一体，毫无违和。既无洋灰盒子的陋俗，亦无破苫敞篷的凋零，一律明眸皓齿，俊朗清明。村舍依山而立，沿溪逶迤，随山设势，因溪赋形，左提右携，前呼后拥，错落有致，疏朗有序。更喜房前屋后，绿荫掩映，稻黄桑碧，柳绿茶青，好一派徽州山居图！

时值午后，巷幽楼空，三两声鸡唱，四五句犬吠，平添了几分世外桃源之魅。

时下农村乍醒初富，大兴土木者数不胜数，惜乎大多疏于规划，杂乱无章，独不如此村仪态万方，气象俨然。一时感慨良多，作文记之。

三阳，位于安徽省歙县境内。

潇洒买盘菜

美味可口的菜肴，“生前”往往是跟“拖泥带水”联系在一起的。然而，盘菜的上市，正在改写这一历史。马路边、菜场上、饭店档口，随处可见盘菜：时件、三鲜、青椒肉丝、冬笋小炒。应有尽有。踩着钟点下班的“马大嫂”们手不沾水，即可利索地端出一桌五彩缤纷、见荤见素的美味来。

盘菜的勃兴，和快餐、熟食的旺销是一脉相承的，都是现代生活节奏的反映，被机器催赶着的主妇主男们，对传统的“马大嫂”角色已越来越缺乏耐心。而且在“买、汰、烧”三个环节中，尤以“汰”最为烦琐，最无艺术性、创造性可言。因而对其“革命”的呼声最高。

需要即市场，盘菜由是应运而生。

盘菜还以其鲜明的经济性受到“马大嫂”们的肯定，三五块一盘盘菜，不要说跟饭店比，甚至比自家做还便宜，比如做一份“绍三鲜”，得做鱼圆，配蛋片、鸡块，搭冬笋、木耳，七七八八算下来，没一张“大团结”根本拿不下来。

这真是：

拎只马甲袋
潇洒买盘菜
三下五除二
热菜端上台

总得去一趟绍兴吧

漫步在老绍兴的石板小巷，我的脚步轻轻，唯恐一不小心惊动了一个伟大的灵魂。

和你一样，我也是在中小学语文课本里认识绍兴的。从王阳明、陆游、贺知章到鲁迅、蔡元培、秋瑾，课文后都有一个共同的注释：籍贯绍兴。

从此我记住了绍兴。

我纳闷：这些看似寻常的巷陌，何以有如此众多的历史人物、历史事件在此神奇地交汇，将这座千年古城定格成一个重要的中国的历史人文坐标？

此刻，我从前观巷向青藤书屋走去。小巷蜿蜒幽深，两旁民居挤挤挨挨，仿佛走进了历史的深处。

青藤书屋还是旧时模样，油光水滑的石门槛，似乎还留有徐渭的体温……

书屋边上却豁然开朗。新落成的青藤广场，恍如打开了一片历史的天空，颇有大写意风韵的徐渭艺术馆汇集了众多徐渭真迹，各地闻讯而来的观众熙熙攘攘，争相一睹为快。青藤先生地下有知，定会像当年一样一跃而起，戏谑地大喊："都来看！都来看！"

从门可罗雀到门庭若市，徐渭故里的凤凰涅槃只是绍兴古城文旅逆势飞扬的一个缩影。在预算投入高达千亿以上、以"全城申遗"为目标的"古城复兴"宏伟目标的催化下，古城持续得以有机更新，景区景点强力提升焕新。这座有着2500多年建城史的"没有围墙的博物馆"，犹如古树发芽，绽放出前所未有的蓬勃活力和绚丽芳华。

徜徉在鲁迅故里，我发现这儿更精致好玩了。文创和美食元素的大量引入，使这个古老的街区多了几分烟火气和文艺范。

大禹纪念馆宛若一尊巨鼎，肃穆庄严。纪念馆一旁，几棵虬曲苍劲的青松宛似哨兵，默默守护着一个英雄的时代和一个时代的英雄。

从大禹陵边上的大运河码头出发，我登上有"水上的士"之称的乌篷船前往东湖。一路上桨声欸乃，波光潋滟，两岸田畴如画，一派江南风光。"老绍兴，醉江南"，此言不虚！

这就是绍兴，从"载不动许多愁"的历史文化到浓得化不开的水乡风情。正如社戏里演员水袖一舞一挥，一日便是千年……

文青圈有谚："一生总得去一趟绍兴。"因为她是文化的故乡，是文人的精神家园。

绍兴还是那个绍兴，一如绍兴老酒，历久弥香，每一次细呷慢品，滋味悠长。

绍兴已不是那个绍兴，每一次都有新感觉、新发现、新味道。

"持续上新中"的老绍兴，将刷爆你的新惊喜！

㊁贰 书生笔记

万物静观皆自得

——读汪曾祺系列作品集

灯下，轻轻地展开汪曾祺系列作品文集，浮躁的心情犹如干瘪的旗枪骤然遭遇开水，顿时碧绿地舒展开来。

也算是一个读书人吧，家里的书说不上叠床架屋，也称得上触目皆是。其中最多的当数汪曾祺的书。凡逛书店，遇汪必买，还时不时上当当定向网购，二三十年下来，汪先生的作品竟然占据了一小半书架，新入手的就是灯下展读的这套由天津出版传媒集团新鲜出炉的《汪曾祺系列作品》，共九册，不能说是汪曾祺全集，但可能也是比较全的了吧。

初识汪曾祺是在1980年冬日的一个下午，当时我还在念高中。语文课照例是我偷看小说的黄金时间。在一大叠教科书的掩护下，我窸窸窣窣地翻阅着从街上图书摊刚刚租来的《北京文学》。渐渐地，我被一篇名叫《受戒》的奇怪小说吸引住了。直到老师点了我的名，我都不知道他问的是什么问题。在同学们的哄堂大笑和老师的严厉目光中，我牢牢记住了三个字：汪曾祺。

此后，我发疯似的搜罗汪曾祺的文章。凡是拿到新的文学期刊，先看作者栏。一旦发现“汪曾祺”三字，这一天就成了我的节日。接下来就是怀着朝圣一般的心情，毕恭毕敬地将汪文一字不漏地抄下来。

用现在的话说，当时我的状态叫“发烧”。

1982年，大二，我知道汪老头出了一个集子，可就是遍寻不着。学校图书馆明明有这套“北京文学创作丛书”，可唯独缺了汪的这本，显然是哪一个汪迷先下手为强了。急中生智，我致信《北京文学》编辑部转汪曾祺，信中劈头一句就是“汪老头”，并大言不惭地自称是“看着你长大的——几乎看过你新时期以来所有发表的文章”，伸手“讨”一本“著作”。信发出两个来月，我差不多忘了这事，不料这时候，一个落款写着北京榆树村的大号信封却不期而至。翻开墨绿色的《汪曾祺短篇小说选》，扉页是汪老头秀丽的毛笔字：赠吴钊谦，汪曾祺，八三年十一月。

之后，汪老头一直伴随着做文学梦的我。我不断地搜罗汪的文章，痴迷地摹写汪味文章。然而，汪老头至纯至美的文字不是那么容易摹写的，倒是书架上的“汪曾祺角”，慢慢地变得丰厚起来。

前年偶染小恙住院，随手带了一本《汪曾祺短篇小说选》，不想叫主任医师看到了，他惊喜道：“你也喜欢汪曾祺？”我惊喜道：“你也喜欢汪曾祺？！”于是，从《受戒》《大淖记事》《岁寒三友》一直聊到现代京剧《沙家浜》，聊到“垒起七星灶，铜壶煮三江……人一走，茶就凉”，唱词间巧妙地藏着汪先生的一个数字游戏。大有两个地下党对上暗号终于找到同志的窃喜。

事实上，早些年汪先生还是小众的，汪粉们如痴似醉，欲罢不能，而汪圈之外则大不以为意。汪先生在世时在文坛也算不上大红大紫的一线明星，他笔下不过是寻常风物、四时花草、风情美食之类，几无大是大非、大喜大悲、大开大合。可谓字淡文平，波澜不惊。然而其淡，是饱经沧桑之后的冲淡；其平，是历尽奇崛之后的平和。这些看似平和冲淡的文字组合在一起，偏偏有一股说不出的韵律和魔力，也许正是这股魔力，先生离世愈久，汪热愈盛，汪粉益多。

爱屋及乌，我也甚喜汪先生的字画。汪先生各种版本的选集中，多有他自己配的插画。汪先生的画也多是寻常风物，基本上是茶余饭后遣心抒怀的尺幅小品，寥寥数笔，涉笔成趣。其画大多都有题和跋，机趣盎然，妙趣横生，看似“随口荡荡”，实是汪先生传统中国文化和中国民间文学深厚学养的体现。

汪先生的字有一股扑面而来的静气，我忽然想起了两句宋诗：“万物静观皆自得，四时佳兴与人同。”是的，细品，先生的文、画、字，都有一种说不出的自得之气。所谓自得，大概就是恰到好处、各安天命、乐在其中的意思吧。

记得汪先生说过，人们看文学作品，看过一遍就知道了故事，为什么还要看第二遍、第三遍呢？主要是看文字之美，或者说文字的味道，而味道，正是作品的文学性、艺术性所在。

我看汪文就是这样，随便什么时候，随便翻到哪一页，都能看下去。初看有点淡，渐渐有回甘，慢慢觉微醉，仿佛进入了一个语言的磁场，那些看似寻常的汉字，通过他的排列组合，仿佛有了魔性，让人百看不厌，越读越有味。

有人说，汪先生最大的贡献，是发现了汉语的别样之美，或者说，提供了汉语的又一种可能性。诚哉斯言！

面对半壁书墙，抚今追昔，感慨系之——

少年曾发老夫狂，
一笔一画抄文章。
书墙半壁堪琳琅，
最美不过高邮汪。

（注：汪先生是高邮人）

平凡的世界，非凡的力量

有同学问我："如果只推荐一本书，你会推荐什么？"我毫不犹豫地说："《平凡的世界》！"

但要对《平凡的世界》说点什么，我又颇多犹豫。因为大家对《平凡的世界》太熟悉了，想必在大多数同学上中学时，《平凡的世界》作为课外读物被老师推荐过，有的还做过"读书笔记"之类的作业。据说迄今在各大院校图书馆的借书单上，它一直霸占着榜单 TOP1。

我和《平凡的世界》的缘分却比较晚，一直到 2015 年才一口气看了两遍同名电视剧，接着又一口气读了两遍原著。读完后的第一反应是逼女儿读："要是你认为自己是个中国人，就得读《平凡的世界》，看看我们国家是如何一步步从苦难走过来的！"

这距《平凡的世界》问世已经过去了差不多四十年。

其实我是第一时间和《平凡的世界》"亲密接触"的，彼时我还在农大读书，学余兼着校广播电台编辑，其中一个任务是转播中央人民广播电台的长篇小说连播《平凡的世界》。可听了几集，觉得内容土里土气，节奏不紧不慢，“不是我的菜”，转身去追时髦的“朦胧诗”了，就这样完美地和《平凡的世界》失之交臂。

后来得知当时中央人民广播电台相关负责人看了《平凡的世界》前面几章就拍板上了“连播”，最后几章是路遥写一章，电台播一章，“小说连播”竟搞成了“小说直播”，这真是文学史上一场空前绝后、自断退路、大无畏的“双向奔赴”，至今想来手心还捏着一把汗——为央广，更为路遥。

幸运的是2015年同名电视剧开播，让我有幸和《平凡的世界》重续前缘，从此，我的书架上多了一个“路遥角”：《人生》《在困难的日子里》《早晨从中午开始》《路遥文集》《路遥传》《路遥别传》……

《平凡的世界》截取了陕北黄土高原上一个名叫双水村的小山村从1975年到1985年十年间的历史片段，刻画了以孙少安、孙少平为代表的青年农民对贫穷、苦难的不屈抗争的心路历程。“黄河总会有水清的一天，不信会穷一辈子！”这是孙少安的呼喊，也是一个民族、一个时代的呼喊。高中毕业的“回乡知青”孙少平则是“世界那么大，我想去看看”的“始作俑者”，不管“外面的世界很精彩”还是“外面的世界很无奈”，他都铁了心要出去瞧一瞧，闯一闯。这是孙少平的宿命，也是彼时国家的缩影。如果说从“穷则思变”的生产队长到新晋“冒富大叔”的孙少安代表着改革，那么义无反顾挣脱土地束缚的孙少平则喻示着开放。这正是中国划时代的主题。所谓经典不朽，那么早，作家就做了预见和预设。

当然，这可能都是我事后诸葛亮式的牵强附会，路遥当时也许并没有如此“标签化、格式化”地刻意为之，他只不过是忠实地记录了那个时代从那片土地上长出来的故事和人物而已。

其实，刻意还是不经意并不重要，孙少安、孙少平淬难成钢、化苦为光、从苦难中提炼力量的故事深深激励了改革开放初期的中国青年。比如其时还在蹬三轮的马云，合上《平凡的世界》，当即决定参加第三次高考，这才有了如今众多青年口中的“马爸爸”，以及俞敏洪、潘石屹等，路遥也由此在庆祝改革开放四十周年之际，当选“中国改革开放百人先锋”的“唯二”作家。

这就是现实主义的力量！文学流派风云变幻，潮起潮落，唯现实主义犹如中流砥柱，屹立不倒。

我读《平凡的世界》，深深地读出了一个字：实。文字平实，文笔扎实，文风朴实，风格现实。全书一百多万字，几乎一笔一画、一板一眼、一丝不苟地为我们捧出了一幅时代工笔长卷，一个实打实的“黄土中国”。

读《平凡的世界》时，我总觉得有一双眼睛盯着我，哦，对了，就是罗中立那幅著名的油画《父亲》的目光，似空洞似深邃，似追问似祈盼——那是苦难而不屈的中国千年农耕社会的总体观照。

《父亲》追问的是什么？为什么农民世世代代这么苦这么穷？祈盼的是什么？农民什么时候可以从黑面馍到黄面馍到白面馍？这一问就问到了政治层面或者说官场层面，其实官场上也有一个双水村，忽左忽右，斗争不止。后来当年的政治对手、县革委会主任冯世宽问已当上地委书记的田福军：当我们都被时代挟裹之时，你为何能“众人皆醉你独醒”？田福军淡淡地说：很简单，只要你不忘初心，站在让农民从黑面馍到黄面馍到白面馍的方向上，你就永远不会被带偏。

整整 40 年过去了，田福军没有过时，《平凡的世界》没有过时。

网上有云 :“十年一遇田润叶，百年一遇田晓霞，千年一遇贺秀莲。”除了上述三位闪亮的女主，我对二姐孙兰花、二妈贺秀兰、女同学郝红梅唏嘘有加。不幸的孙兰花不幸地嫁给了一错再错的“二流子”王满银，孙兰花不离不弃，用她的坚韧和宽容拉回了“二流子”，也保全了一个家。当读到二爸二妈因为两个可怜的孩子而终于破镜重圆时，我不禁潸然泪下。郝红梅和田润生的爱情充满了苦涩、沧桑、感伤，令人久久不能释怀。她们都是平凡而伟大的中国女性，用善良、坚韧和母性温暖、慰藉着这个苦难的世界。

说起《平凡的世界》里的女性群像，我最不能接受的是路遥把自带霞光的“苦难天使”田晓霞“写死了”。路遥又何尝能接受，把田晓霞“写死”那天，他打电话给他弟弟王天乐，号啕不已 :“我把晓霞写死了，天哪，我把晓霞写死了……”

天哪，最后，“像牛一样劳动、像土地一样奉献”的路遥生生把自己写死了！披肝沥胆，呕心沥血，路遥为《平凡的世界》耗尽了最后一丝精气神，倒在了黄河日清、高原泛青、中国腾飞的前夜！可怜的路遥是借路费去北京领的茅盾文学奖，去世前一个月还向单位借了一千元钱，生命中最后三天还不得不签下了离婚协议书……

一部真正用生命写就的时代力作，一部深刻影响过无数中国青年的世纪巨著，平凡的世界，非凡的力量！

美的启蒙
——读李泽厚《美的历程》

20 世纪 80 年代的中国犹如一支快速旋转的万花筒：改革开放，解放思想，伤痕文学、朦胧诗、意识流，卑鄙是卑鄙者的通行证，高尚是高尚者的墓志铭，黑夜给了我黑色的眼睛，我却用它寻找光明……众声喧哗，五光十色。后来有学者评论说，那是中国打破禁锢、思潮风涌、民智乍开的“文艺复兴时代”。

那会儿我刚毕业，业余爱写点诗文，以文学青年示人，有事没事挎个帆布书包，三天两头跑书店，把菲薄的一点工资基本交给了书店。但我基本不去文学专柜，私心觉得文学嘛，不就是看看小说吗，没有多大的奥秘，我更喜欢在“社科类”流连搜罗，觉得这才是正经学问。

搜罗了一堆尼采、叔本华、弗洛伊德以及《走向世界》《第三次浪潮》等“当红炸子鸡”之后，得到了一个“多么痛的领悟”：“学问书”真不好玩！

直到遇见《美的历程》。

拿起《美的历程》，照例是浏览目录：先秦理性精神、楚汉浪漫主义、魏晋风度……我一看就头大，作为一个工科生，我向来对文史不太感冒，再看作者是个教授，心想这回完了，一准是“花钱买罪受”，看在朋友力荐的份上，还是咬咬牙买下了。

为了对得起不菲的书价，当晚我硬着头皮啃起了这本“大部头”，可看着看着，竟然不知不觉陷了进去，欲罢不能了。这一“陷”就是一个通宵，直至次日上班。上班的路上我骑得飞快，还不自觉地拨了好几串车铃。你看，三十多年过去了，那份醍醐灌顶、久旱逢甘霖、“一句一欢呼”的激动兴奋劲儿犹在眼前。

是的，泽厚先生为我打开了一个全新的“美丽旧世界”，在此之前，我对人物之美可能还可以感知一二，对器物、文物之美真的是“木知木觉”视若无睹。更重要的是，在国门乍开、举国探头探脑往外看“西洋镜”之际，泽厚先生突然向后一指：上下五千年华夏文明别有一番美丽绚烂，自是一道傲然独立的风景！在盛行“外国的月亮比中国圆”的彼时，我等国人民族自信、文化自信陡然为之一振。这可能是比美学启蒙更深一层的意义吧。

以美学的视角重新审视中国上下五千年的历史，是泽厚先生的一大贡献。从原始远古艺术的“龙飞凤舞”，殷周青铜器艺术的“狞厉之美”，先秦理性精神的“儒道互补”，楚辞、汉赋、汉画像之“浪漫主义”，到“人的觉醒”的魏晋风度，六朝、唐、宋佛像雕塑，宋之山水绘画及诗、词、曲，及至明清小说、戏曲浪漫感伤变迁，泽厚先生像一位资深专业的导游，带领读者作了一次步移景换、美妙绝伦的《美的历程》，完成了一次对中国几千年艺术史的全程鸟瞰和巡礼。

“李导游”显然对这条“景观带”吃透、嚼烂、消化并烂熟于心了，因此举重若轻、深入浅出，他以典雅优美、生动亲切的随笔札记形式，一路娓娓道来，如数家珍，读来甘之如饴，口舌生津，不单是一次美的旅程，也是一次美的悦读。

插图也是本书的一大亮点，举凡青铜、陶瓷、雕塑、壁画、建筑、园林，仔细品味揣摩，真是美不胜收，妙不可言。

在普遍民生凋敝、社会苦难之际，中国古典文艺何以绵延不绝、人才辈出、峰峦叠起？作者在本书“结语”中自问自答：可能是我们灵性聪慧的祖先以艺术之美对抗现实之丑吧。

如果说“世上并不缺少美，缺少的是发现美的眼睛”，那么，泽厚先生无疑帮我打开了一双睡眼：是的，《美的历程》是我生命中最重要的启蒙书之一，美的启蒙。

岂止是对我个人的启蒙，《美的历程》更是开启了一个美的时代，自此，美学、美育逐渐走进了我们的生活。在学校，“德智体美劳”正在取代原先的“三好生”。事实上，早在20世纪二三十年代，蔡元培先生尝试推动以全民美育替代宗教，他认为美育不仅可以帮助国民认识世界、美化世界，而且可以陶冶情操、完善人格，从而重塑国民精神。

所谓英雄所见略同，无论是泽厚先生对美的发掘，还是孑民先生对美育的呼唤，他们似乎不约而同地穿越时空证明一道命题：斗转星移，艺术常青；时光荏苒，大美不朽！

在《美的历程》出版四十周年之后，我不避“老派老套老气”之嫌，勇敢地推荐分享这么一本“老书”，并非一味怀旧，事实上，《美的历程》历久弥新，一版再版，现在已经是100版开外了。而在豆瓣、当当等平台上，也是热评不减，长销不衰。

琼瑶、三毛、席慕蓉

和大陆阳盛阴衰的局面相反，海峡彼岸文学界却是“红唇族”看好。自20世纪80年代初开始，她们从阿里山杀入黄河、长江流域，一路浩浩荡荡，前赴后继，掀起了一股股热浪，一时大有洛阳纸贵之势。而“红唇族”中最为了得的当推琼瑶、三毛、席慕蓉。

琼　瑶

在1985年前后，你一口气看了十几本琼瑶的书，有时候一个星期看两三本，至今仍如饥似渴地在读。然而，你对自己喜欢琼瑶小说有些不好意思，嘲笑自己："嘿，那是女孩子嘴里含着口香糖、手里捏着手绢的读物！”你像一个老师似的攻击琼瑶："通俗！肤浅！脱离生活！”

是的，琼瑶的文字是通俗的、畅晓明白的文字，但那一波三折的情节，令人非一口气读完不可。也许琼瑶还是肤浅的，但是比起那些佶屈聱牙的深刻和假模假式的深沉来，这肤浅要可爱得多。

或许琼瑶确实有点脱离生活，可是谁又愿意整天拘泥于琐事庸情而不向往理想与浪漫呢？爱情是这样一种东西，她使痛苦变得美丽，使眼泪饱含幸福。显然，那个长着一张娃娃脸的女人在成功地进行爱的启蒙。

三　毛

你第一次读三毛的《雨季不再来》时，不幸也看了她的照片，从此对这个大名鼎鼎的女人一直抱着不恭的态度。因此每当书友们谈起三毛如何如何，你总是极尽攻击嘲笑之能事。

三毛的外表可能确实没有世俗人眼中的美丽，但在她富有气质的面容下面，深藏着一颗无比美丽的灵魂。三毛达观的人生信条、真诚的处世态度、洒脱的生活方式更令人倾倒折服。她热爱生活，却不为生活所羁绊；热爱生命，却更尊重和理解他人；热爱自然，却并不逃避现实和世俗。这使她像古代的圣人一样进入人生的真境，接近生命的真谛。

阅读三毛的作品，能使人悟出一个老生常谈式的真理：贵在真情——唯有真的才是美的。

席慕蓉

灯下，你依依不舍地合上《有一首歌》，发出轻轻的一声喟叹：太美了！美得令人不敢多看，唯恐贪心糟蹋了这美食。

无疑，席慕蓉有双敏锐的眼睛，她总能从平凡、平淡甚至平庸中捕捉发现美好、庄严和神圣的一面。她还有一颗敏感的头脑，无论花鸟虫鱼，还是油盐酱醋，都能引起她的感应和共鸣。更重要的是她拥有一颗爱的心灵。只有热爱生活的人，才会如此细致入微地体会世间万物；只有热爱生命的人，才会关心一棵草的姿势，才会对无名的花事感到兴味，才会对消逝的往事怀着这般无奈的伤感，才会对未知的未来怀着这样不舍的追问，却又能坚强地面对现实，勇敢地把担子放在肩上。

而她这份强烈的爱并没有诉诸激情的抒发和热情的宣泄。相反，她选择了温情——那种像少妇凝目般的脉脉，像少妇独白般的娓娓。

最可人的是——温情!

琼瑶教我们以痴情，三毛教我们以真情，席慕蓉教我们以温情。在这物欲膨胀的现代社会，树立爱心、持守爱情，是至关重要的。

宝典醉人多

——读《绍兴有意思》

“山”字形，构成了绍兴的地貌大势。

会稽山耸立于中，是“山”字的第一笔“竖”；龙门山绵延于西，是“山”字第二笔竖折中的“竖”；天台山蜿蜒于东南，是“山”字第二笔竖折中的“横”；四明山逶迤于东，是“山”字的第三笔“竖”。“山”字的两个凹槽，分别为曹娥江和浦阳江，前者流经之处，形成了新嵊盆地及三界盆地、章镇盆地；后者流经之处，留下了诸暨盆地。

“山”字上空的空白处，便是广袤的绍虞平原了。

这种地貌大势，形成了绍兴“七山一水两分田”的地貌结构。

这种山地丘陵兼备、台地盆地交融、平原河网一体的地貌，恰似一幅错落有致、多姿多彩的图画，造就了绍兴独特的“这一个”。

这是冯建荣先生在其新著《绍兴有意思》中的“地理大发现”。

这样的观察解读是不是很有新意，很有意思？

得知冯先生出了新书，匆匆网购一睹为快。果然没有让人失望，开篇即令我眼睛一亮，以至于迫不及待地逐句抄录分享为快。

事实上，这样“有意思”的“段子”在书中犹如珍珠洒地，俯拾皆是。这些“段子”明白如话，轻松活泼，看上去貌似“随口荡荡”，却又言之有据，言之成理，言之凿凿。

在接下来几天的精读细看中，越读越有兴味，越看越有意思。

作为著名的历史文化名城，描写、研究绍兴的文字不说浩如烟海，也是汗牛充栋。但这样从“有意思”的角度切入，以说“段子”的方式解读绍兴，当属首创，可谓另辟蹊径，别开生面，妙趣横生。

学界有谚：“深入难，浅出更难。”绍兴历史悠久深厚，文化博大精深，要将之讲活了、讲透了、讲有趣了，非掰碎了、嚼细了、完全消化融会贯通了不可。比如绍兴先贤范文澜的《中国通史简编》，轻轻巧巧一个“简”字，背后是沉甸甸的“五车之学”。

扉页上，是建荣先生自撰的作者简介：“历史、文学、书法爱好者”，“爱国爱乡爱家，喜欢感知越中大地上曾经弥散的文化灵光，欣赏越地天空中曾经闪耀的迷人的精神彩虹”。

寥寥数字，我注意到两个“关键词”：一是“感知”，说明作者是用心灵在和历史、先贤对话；二是“迷人”，可见作者对绍兴文史是何其热爱。

正是带着教徒般的信仰和热爱，作者在繁重的公务之余，几十年如一日，孜孜不倦地跋涉、浸淫在绍兴的文史长河中，佳作迭出，著作等身。

如果说被称为现代版《越绝书》的《越语》是一道“大菜、硬菜”，那么《绍兴有意思》则如玲珑有致的“小鲜”，是作者深厚文史学养的厚积薄发。作者山川河流了然于胸，人文掌故烂熟在心，趣闻逸事如数家珍，成语俚语出口成章，风情风物信手拈来，围绕

“山之殷、水之饶、物之丰、人之德、文之佳、城之绝”六个维度，为读者捧出了一个多元立体、活色生香、趣味盎然的绍兴。

难能可贵的是，作者不是简单地引经据典，钩沉史料“掉书袋”，而是每有新视角、新解读、新发现。比如本文开头的“‘山’字形”“地理大发现”等，一口气读下来，甚是惊喜连连，干货满满，越读越有味，越读越有意思。

有意思的“意思”，我看至少有三层意思。一是有趣。比如讲到明代绍兴知府汤绍恩，他刚出生的时候，有位路过他家的峨眉僧人对他母亲说，来日有个叫绍兴的地方，将承蒙你儿子的恩德。于是他母亲给他取名“绍恩”，字“汝承”。后来真的得到了应验。

这不是作者的穿凿附会，而是真实记录在《明史·汤绍恩传》中。至于《明史》的作者有没有联想附会，无考。但这个故事真是有趣，读来饶有兴味，老百姓也愿意相信。

汤绍恩任上兴建了三江闸，使萧绍平原免除了水患约500年，于绍兴恩莫大焉！

二是有味。绍兴是青瓷的故乡，越窑青瓷曾名动一时，后来为什么式微了呢？主要是随着烧制规模的不断扩大，砍树作柴，加之茶业兴起，人口南迁，大量山地被辟为茶园和农田。及至南宋高宗年间，会稽已“有山无木”。

犹如釜底抽薪，燃料的短缺给了越窑青瓷致命一击，走向衰落也势所必然了。

作者由此感叹：留得青山在，不怕没柴烧。已无青山在，当然没柴烧。这柴，既是自然之柴，也是文化之柴，精神之柴。

人们再也不能干这样竭泽而渔的傻事了！作者发出的警示振聋

发聩。

三是有益。说绍兴，自然绕不开绍兴师爷。作者观察研究绍兴师爷这个清代历史上最大的幕僚群体，视角独特，剖析评价令人耳目一新，直陈其“功德无量”：

他们为国家留下了资治学说，为国度留下了绵延功业，为国民留下了立身之镜；

他们通达事务、举一反三、妙于言论的好学精神，值得今人借鉴；

他们尽心、尽言、尽力的忠诚情操，对当下社会不无镜鉴；

他们廉、慎、公、勤的律己品质，尤其值得公职人员参照；

他们遇事冷静善谋、处事灵活机动、做事留有余地的智慧，堪称“官场守则”或者“行政指南”。

某种意义上说，“一切历史都是当代史”。或许，《绍兴有意思》的核心意思，就在于其强大的现实意义吧。

“删繁就简三秋树，领异标新二月花。”以往给人感觉高深莫测不那么“接地气”的历史文化尤其需要“与时俱进的多元表达和创新呈现”。

《绍兴有意思》的开本、版本、文本也很有意思，它的开本比市面上常见的书籍要小得多，文体则类似于微信上流行的“梨花体”，其特点是短句、短段、明白如话。全书500节计22万字，包罗了绍兴的世相万象、“前世今生”，是一本“绍兴导游全书”“绍兴宝典”，或者说是科普版的《绍兴市志》。

这真是：

小书乾坤大，

宝典醉人多。
绍兴有意思，
我也来一个。

“乞巧布”唐学慧

忽一日，手机叮咚一声，原来是老报人、绍兴日报社原副总编章岳龙老师发来微信，与我分享唐学慧长篇小说《彩裳》杀青出版的消息。章老师还当即组了一个三人群。

囫囵吞枣看了《彩裳》电子版。全书洋洋洒洒40万字，以改革开放40年为经，记录讲述从乡镇企业起家的中国草根纺织业走向世界舞台，与国际融合的“中国故事”“绍兴故事”。全书格局宏大，波澜壮阔；细处纤毫毕现，活色生香；深处直击人心，令人低回……可以说，这是一部史诗版的中国纺织志，相信将来在纺织界和文坛都会有其位置。

特别是小说中反复出现的娰奶奶的那句“乞巧布，乞巧布，没有伊办不到的事，没有伊走不通的路”，令我会心一笑：这不就是坚韧不拔、不达目的誓不罢休的作者本人的写照吗？

记忆之闸一旦打开，无数的镜头争先恐后地奔涌而来。

唐学慧是《绍兴晚报》创始人之一，《绍兴晚报》第一任主编，也是我的新闻引路人，我能进入报门，全拜她执着奔走所赐。

其实在之前，我就和唐学慧相熟，20世纪80—90年代间，她执掌《绍兴日报》中的《文化生活》，我作为文学青年，常向她投稿，一来二去自然就熟了。1992年年底，她受命筹办《绍兴晚报》，开始四处招兵买马。我自心向往之，无奈当时我所在的市农业局死活不肯放人。当然，这点点小事是难不倒咱们的"乞巧布"唐学慧的，几个月后，我终于得以成行。后来她说起，招我那天她急匆匆赶去市农业局，翻过马路栏杆摔了一跤。

后来为调当时在市公安局的俞继抗，她与时任绍兴市公安局局长应勇软缠硬磨，斗智斗勇，结果也是如愿而归。

这些对于她来说是不足挂齿的小事，我所知道的稍大一点的事有两件。一件是为《绍兴晚报》争取刊号。1993年下半年，国家整顿出版秩序，实行刊号零增长制，只有退出一家才能新批一家。彼时《绍兴晚报》试刊号已出，可谓箭在弦上。唐学慧临危受命，在北京整整跑了一个月，终于跑下了刊号，其中的艰辛，只有她自己知道了。

对于初生的《绍兴晚报》来说，发行也是生死攸关的大事。如果没有基本的发行量，一切等于白搭。印象最深的是她带着我们去车站、广场卖报，深入居委会、企事业单位，还一口气举办了毛阿敏演唱会、闵惠芬二胡音乐会、吉尼斯世界纪录表演会、席梦思沙滩排球大赛等一系列活动。一时间全城轰动，初生的《绍兴晚报》风生水起，名声大噪，很快打开了局面。

值得一提的是，所有这些活动，不但没有花报社一分钱，还小赚一笔。这就是"乞巧布"的本事。

另一件是她从美国回来后，协助创办浙江越秀外国语学院网络传播学院，据悉这是国家网信办特批的全国第一家网络传播学院，想见也非易事。当然，这是后话了。

唐学慧绝对是个传奇。她好像是从建设兵团调回绍兴的，应该没上过大学，却说得一口流利的英语，其视野打那时候就是国际化的。可能正因如此，她跑下《绍兴晚报》刊号，发行打开初步局面后，就带着万千不舍离开报社去了美国，据说办公室就在著名的纽约帝国大厦。

在不长的晚报共事期间，唐学慧给我的感觉是风风火火、忙忙碌碌，但这一切并不耽误她亲自写稿。她的新闻稿常常不拘一格，文学性很强。

唐学慧为人简单率真，宛如一个知心大姐姐，常常和编辑、记者们泡在一起，打成一片。《绍兴晚报》初创时的一些专版、专栏却是她和一帮“初生牛犊”吃螺蛳摊吃出来的。

她没有文人相轻的毛病，但凡有人写了好稿，做了好标题，编了好版面，她从来不吝于赞美喝彩。

“初生牛犊”们也把她当作知心大姐姐。有一个外地小伙子找不到女朋友，她拍板在《绍兴晚报》中缝做广告为其征友。要知道，那个时候这样的形式还是罕见的。

差不多30年过去了，“老晚报们”偶尔聚在一起，怀念晚报初创时期那段激情燃烧的岁月，“唐学慧”这个名字肯定是绕不过去的，率真、简单、温暖一如知心姐姐的唐学慧，“没有伊办不到的事，没有伊走不通的路”的传奇“乞巧布”唐学慧，我们想你了！

一场越地文化的洗礼修行

——品读刘孟达文化散文集“蠡城三部曲”

从记忆的碎片中走来，肩头是尘，脚下是土。风尘仆仆的旅人早已疲累。回望过去的沧海桑田，在没有凡俗杂念的时光里，品一品山川流转，既是休憩，亦是修行。

我和孟达兄相熟已久，知道他一直在一线担当忙碌，不想几载不见，一不小心捧出了洋洋洒洒几十万字的文化散文集“蠡城三部曲”（《蠡城物语》《蠡城背影》《蠡城遗韵》），用他自己的话说，“人与人之间的差别，就在于业余时间”，真令我辈汗颜。

品读孟达兄的“蠡城三部曲”，从越地斑驳遗像到诗酒抒怀，千年蠡城剪影在泛黄的纸页上被细笔勾描，当古老的时间窗口被打开时，扑面而来的是一个蠡城学人的情怀。

正是孟达兄在《蠡城物语》的自序中说：“有的人，走着走着就散了；有些事，忙着忙着就完了。”唯有那份越地文化情怀，魂牵梦萦，历久弥深。

从偶然的一次拜谒大禹陵开始，心中积淀已久的文化情怀喷薄而出，他索性“稽山镜水再出发”，开启了一次系统的穿行寻访，试图重新打量散落在蠡城街巷间的古迹遗址，打捞人们耳熟能详背后的“鲜为人知”，赋予历史温度和生命，打理出一份鲜活的蠡城文化遗产。

“再出发”的孟达兄不再是那个第一次来到蠡城睁着一双惊奇的大眼睛四处乱瞅的青葱学子，官员、学者、媒体人和作家的身份赋予了他不一样的眼光和心智。他在古鉴湖迎风伫立，在宋六陵仰望星空，在百草园和三味书屋流连寻觅，在和畅堂轩亭口踽踽独行，在王衙弄穿行漫步……其间，有洞见顿悟，有感叹感慨，但更多时候，他们更像是一对经年父子漫步凝目，默默中，他们似乎有说不完的话……

入夜，他毅然从繁重的日常工作中抽离出来，独坐在电脑前，迫不及待地将这些对话记录下来，于是就有了“蠡城三部曲”，有了这部被称为“简版的蠡城地方志、地理志、风物志”。

在《蠡城物语》的《艺苑凝晖》中，孟达兄品味当代蠡城的人文艺术：欣赏李敬仕的花鸟画，飞禽竹柏俯仰有致，顾盼传情，《嵩寿图》气韵不凡，禅意自在其中；品鉴陈浩的油画作品，色彩碰撞格调高雅，“境界”之外闪烁着写意之美；情真象幻，何俊杰的摄影艺术独具构图匠心，将灵与肉、幻与影合而为一，彰显超越现实物象的意象语义……时代文化星星点点散落在蠡城古老的土地上，如涓涓细流，渗进青石板的缝隙中，融入蠡城人的血肉里。

透过字里行间，有一条“主线”，贯穿“蠡城三部曲”的始终，那就是热烈而浓厚的乡情。无论是对越地风情的描绘，还是对故土风物的追忆，字里行间满满的都是眷恋。正如他在《蠡城遗韵》的自序中所说：“走得出世界的圈，却走不出故乡的圆。”

最后，孟达兄毫不掩饰地直抒胸臆："这辈子，把凝望留在蠡城，把眷恋留在蠡城，向着河桥舟塔，向着五彩流霞。当我们老去，灵和肉也将融入一砖一瓦，融入被摩挲得油光水滑的石巷石槛，守护着这片永久的故土。"

于我而言，孟达兄笔下的景观人物、风土风物，大都耳熟能详，甚至熟视无睹，这次跟着他重新游历了一次，收获的不单是他的新视角、新解读、新发现，更不啻是一次越地文化的洗礼和修行。

顺便说一下，这还是一部有声书，扫一扫二维码，听起来更是轻松享受。

一蓑烟雨写平生

——读俞樟铃《前世今生》

樟铃兄的新作《前世今生》问世了，新书设计典雅，装帧精美，收到新书，不觉心头一喜。

我和俞兄相识于20世纪80年代，其时，我住在市农业局家属宿舍，俞兄从华东政法大学毕业后，被分配至绍兴市中级人民法院，就住在我们隔壁的农业局招待所，大家算是点头交。后来两人都会在《绍兴日报》上发点文字，渐渐就熟了。我调到绍兴日报社时，我们部门的头儿也是想调俞兄的，俞兄考虑再三，还是没有来，毕竟法院的“衙门”更硬一些吧。

此后，大家各忙各的，疏于联系，只知道绍兴中院混得还不错，都当上庭长了。

忽一日遇见，他送给我一本书，名曰《人间岁月》，我客气地收下，嘴上不迭声地道贺，可转身就将书置于书架，时间一长，也就忘了。好歹也算是吃文字饭的，这样的书我每年都会收到几本，确实也看不过来。

读书人有“马上、枕上、厕上”之说，意思是骑马时看书、睡觉前看书、上厕所时看书。一日内急如厕，随手操起一本《人间岁月》，这一看不打紧，居然起不来了，眼眶慢慢湿润，最后眼泪竟哗哗地流下来……

《人间岁月》是俞兄的自传体散文集，而手头捧读的这本《前世今生》是《人间岁月》增补修订后的升级版。作者从艰难困苦的少年时代写起，到沪上求学，工作人事，凡三十余年，堪称一代人的缩影。

《前世今生》文字质朴自然，感情真挚真切，有一种难得的从容冲淡之气。行文则似水银泻地，一路“拈花惹草”，拈花，则花开，惹草，则草活，举凡诗词典故、越剧俚语、风土人情，信手拈来，有一种内在的气韵和浑然天成之美。

“我小时，家境贫寒，米缸常常是空的，没有饭米，四五月份青黄不接时，一升两升米都要向隔壁邻居借。半夜醒来，看到父母还在菜油灯下舂米纺线做针凿。”这样的场景似一幅剪影，永久定格在 20 世纪六七十年代农家孩子的脑海里。每读至此，奶奶当年去借米时的那份凄惶，忽地跃然纸上。

可能是熟视无睹吧，农家孩子对当时的苦难反而不太在乎。倒是对苦难岁月中的美好欢乐更为津津乐道：“都说城里好，我说乡下也好。像我村，早逢春的正月茶花，二月杏花，还有村后的三月桃花，村前竹梢湾漫山的杜鹃花，村东满坡的梨花，看起来是那样安静的热闹……走在乡野，自觉天地是人，人在天地。这样的浩荡人世，只有我们乡野才有。”

“出门看畈里，已是布谷春雨，杏花丰村，田埂间细草春泥。东风陌上，舍娘子在拎篮刁荠菜。樵夫山上回来，担上，一枝杜鹃欲放。”

这样的文字，读来叫人沉吟低回，心生欢喜。初品似白水，有点淡，再读似山泉，有回甘，再品似农家米酒，不知不觉就上头了。

说到“双抢”，镇供销社的“公家人”这时也来送货下乡支援双夏了，看他们皮肤白净，脖子上挂着一块雪白的毛巾，穿着白衬衫、白丝光袜皮鞋，摇着芭蕉扇谈论着今天的最高气温。这个镜头一直在我眼前挥不去，挥不去的还有对城乡、农民和非农二元鸿沟的耿耿于怀。

是的，无论是写景状物还是写人，作者均以白描手法淡淡道来，极少渲染。如果他是一个画家，我疑心他蘸的是水，而不是墨。

我和俞兄讨论过，说他的文字和汪曾祺的文字很像。而俞兄则说不知汪曾祺。要我说，他的文字和汪曾祺的文字有一个共同点：从哪儿看起来都行，什么时候看、看几次都行。读这样的文章，一定不是为了看故事，而是为了“咂味道”——文字的味道。这是一本散文集，但其韵律韵味、意味意境，比一般的诗集浓。反正我没事就会找出来看几页，也不知道看了多少遍了。看着看着，浮躁的心慢慢恬静如水了。

而写到工作后的几章，虽还是那般不急不弛，娓娓道来，但作者臧否人物，针砭人事，绵里藏针，痛快淋漓，书生本色毕露。我看了也忍不住骂一句：“真毒头也！”

三十载岁月亦长亦短，倏忽而已。任何人不过是大时代的一朵浪花、一粒沙子。检阅匆匆岁月，盘点心路历程，终究意难平。作者末了不免叹息一声——

今夜思绪几许
春雨，春雨
一半因风吹去……

我和俞兄年龄相仿，出生地域相邻，他的经历差不多就是我的经历，所以读《前世今生》感同身受，代入感特别强，我的泪是为那个艰难困苦的时代而流，亦为这朵苦难中开出的散发着淡淡忧伤的“勿忘我”而流。泪眼模糊中，觅得小诗一首，曰：

性情中人性情文，
一蓑烟雨写平生。
三十功名尘与土，
黄沙吹尽始得金。

爱的教科书

——读金强《今有所悟》

“画面太美不敢看”：画面上，近 60 岁的儿子和 80 多岁的老母正坐在跷跷板上，彩色的跷跷板承载着加起来 140 多载岁月欢快地起伏，儿子和老母亲笑靥如花，细看，竟有几分天真、几分烂漫。

这是金强新作《今有所悟》上的一幅插图，跷跷板上的儿子正是作者本人。

合上书籍，我的心久久不能平静，立马决定明天就去看躺在养老院病床上的老妈。

这就是书籍和榜样的力量吧。

我读《今有所悟》，主要悟出了三个字。第一个是“真”字。作者写的都是亲力亲为的真人真事，笔尖流露的都是真情实感，文风真挚真诚，做人真实真直，做事认真顶真。世上文章，唯真不破。在“真”字面前，一切华丽的辞藻、一切炫目的技巧章法都是浮云！

第二个是“爱”字。《今有所悟》字里行间自始至终洋溢着大写的爱——对家人、家庭、家族的爱，对工作、学习、生活的爱，对一切美好事物的爱。比如，和母亲分离时，他无论多忙，都会每周去看望母亲；和老母亲同住时，每天都要和老母亲到公园、景点走走。他是一个用心的儿子，也是一个用心的老爸。他把女儿上学期间的作文收集起来，亲自整理编辑，正式出版了一本书。

这样的爱还表现在夫妻之间、兄弟姐妹之间、叔叔伯伯之间，一个个生动的故事和画面散发着爱的馨香。可以说，这是一本爱的教科书，是一本优良家风的教科书。

第三个是“学”字。纵观《今有所悟》，我发现“学习”贯穿了全书的始终和作者的全程。一是在“干中学”，几乎在每一个岗位都会出一本书；二是在“玩中学”，旅游每到一地都要记录下满满的文字和照片，是真正的“读万卷书，行万里路”。

作者的初始学历并不高，但几十年如一日有计划、有步骤地学习，让他成为“绍兴县十佳学习型干部”和“绍兴市学习之星”。

孔夫子说：“吾日三省吾身。”《今有所悟》的悟，不仅仅是外在感悟、体悟，而且是内在省悟，是作者通过这样的方式不断鞭策、激励自我。

“人最宝贵的是生命。生命每个人只有一次。人的一生应当这样度过：当回忆往事的时候，他不会因为虚度年华而悔恨，也不会因为碌碌无为而羞愧……”脑海里忽然跳出来这段久违的、中学时代抄录过的经典名言，开始又一次人生思考。

是的，这也是一本人生教科书。

刘嘉玲夜宴吴凤花

1990 年 4 月 15 日，香港新光戏院。正在这里访问演出的绍兴县小百花越剧团演完最后一场戏，热情的戏迷还围在台前久久不愿散去。这时，只见两位靓女手拉手匆匆走出门去。眼尖的观众惊叫起来："刘嘉玲，你不能一个人带走吴凤花！"吴凤花被刘嘉玲急急地拉上了车。随着马达一响，小车像离弦之箭，直奔宝岛酒家。

刘嘉玲本来不认识吴凤花，4 月 12 日晚，她陪母亲来新光戏院看戏，优美的越剧把她深深迷住了，特别是小生吴凤花的表演，那俊美的扮相，潇洒的台型，淳厚的唱腔，矫健的英姿，使她深为叹服。演出结束后，她忍不住冲上后台，在吴凤花的脸颊上吻了两下。此后一连三天，她场场必到，又是合影，又是送花篮，又是打电话，今天，她特地从剧团洪团长那里把吴凤花"借"了出来。事后，刘嘉玲在接受记者采访时说："我现在才了解那些'雏凤'痴迷自己偶像的心态，看了吴凤花的演出，我也真不能自持呢！"港报以《刘嘉玲有新偶像》为题，披露了刘嘉玲对吴凤花的喜爱迷恋之情。

刘嘉玲第一次来到后台的一刹那，吴凤花就认出了她，这不是

《流氓大亨》和《义不容情》中的女主角吗？想不到自己会成为这位大名鼎鼎的港岛影视红星的偶像。直到此刻，吴凤花坐在宝岛酒家灯火辉煌的餐厅里，和刘嘉玲共享精美的“台湾料理”时，她还似乎在半梦半醒之间，不敢相信眼前的情景。

刘嘉玲一袭西服，牛仔裤，长发披肩，一点没有大明星的架子，倒像个爱打破砂锅问到底的女孩。席间，她如饥似渴地围着吴凤花问这问那：“你为什么选择越剧？”“为什么反串男角？”“怎么演得这么像、这么好？”

吴凤花一一道来。说起她演小生，还颇有一段曲折。1983 年 5 月，13 岁的吴凤花考入绍兴县戏曲培训班，起初，团领导安排她演老生，后来又让她改学花旦。随着年龄的增长，老师们发现她身材挺拔、嗓音洪亮、性格活泼，才选定她专攻小生，这下可对了吴凤花的戏路。从此，无论春秋暑寒，她都自觉地坚持早晨六点钟起床，耗腿，吊嗓，背剧本，学文化，三伏天穿着大靠练“吊毛”；数九天穿着单衣走台步，练功翻筋斗，身上常常摔得青一块紫一块的，她也顾不上吭一声。为了演好小生，她特别留意观察男孩子，有时候在街上看到一个有特色的男孩，会紧踩几下自行车，赶上去瞄一眼。勤奋和悟性，加上范瑞娟、汪世瑜等名师的指点，使她如鱼得水，茁壮成长。

两个小时一眨眼过去了，刘嘉玲拉着吴凤花的手，依依不舍。最后，两人互相留了通信地址，交换了照片。在照片背后，刘嘉玲挥笔写下了：“凤花妹：With Love（爱你）”。

注：找到此文有点小小的惊喜。差不多 30 年前，我还在市农业

局当阿办，在县报（那时叫什么经济报）一编辑的陪同下，去位于东街一台门的绍兴小百花越剧团采访吴凤花、陈飞、吴素英。这应该是我第一次正儿八经的采访。可惜陈飞、吴素英的找不到了。前几年在一个场合偶遇花帅，她居然还认识我。

《真假悟空》一剧三版分头突围闯市场

“精彩！神奇！美妙绝伦！”2004年9月26日晚，作为第七届中国艺术节压轴大戏的绍剧《真假悟空》在绍兴大剧院参评演出，演出引起了轰动，观众长时间鼓掌，久久不肯走出剧场，久久无法走出剧情……

此剧无疑是成功的。为排这出戏，以一出《孙悟空三打白骨精》一举成名的浙江绍剧团历时三年，数易其稿，精心打磨，终于一举夺得文化部第十一届文华新剧目奖。此外，著名戏曲导演杨小青，“江南新猴王”刘建杨，绍剧第一女小生、“梅花奖”得主赵秀治，“江南猪八戒”姚百青，“白玉兰奖”得主马超英等组成了强大的演出阵营。好剧本、好导演、好演员和高科技珠联璧合，终于成就了这一新世纪江南猴戏经典。今年7月份，此剧在北京保利剧院献演，震动了首都戏剧界。中国剧协顾问、著名戏剧评论家刘厚生说：“《真假悟空》剧是迄今为止中国舞台上最接近神话的神话剧，可谓舞台上的神话，神话般的舞台。”

作为“七艺节”的压轴戏，《真假悟空》剧追求大场面、大气势、大气派，并调动运用了几乎所有现代舞台高科技手段，旋转升降舞台、电脑灯光、立体布景等营造出一个如梦似幻的神话世界。这样的大制作固然好看，然而它可持续吗？有市场吗？参评后会不会被束之高阁？戏剧界挖苦某些戏“政府是投资主体，领导是基本观众，评奖是主要目的，仓库是最后归宿”，《真假悟空》剧会不会也走进这条死胡同？有资料表明，全国有旋转、升降功能舞台的剧院不会超过 20 座，而其均价 100 元的票价对普通观众来说也是一条不低的门槛。

带着这样的疑问，记者采访了时任绍兴市文化局副局长金一波。金一波说，为解决这一矛盾，《真假悟空》剧针对不同的演出场地和观众群体酝酿准备了 3 个版本，即精装版主攻高端市场，简装版主导中端市场，草台版主打面广量大的农村市场。这就像我们的绍兴加饭酒，有精加饭、简加饭和零拷散装加饭，观众尽可各取所需。

浙江绍剧团团长、《真假悟空》剧导演之一的陈伟龙给记者算了一笔账：《真假悟空》剧精装版每演一场，成本在 5 万元左右，而且对舞台的要求非常高；简装版一般城市舞台就能满足需要，再略去电脑灯光、大乐队等，1.5 万元就能保本，这样票房压力就轻多了；草台版则是一支轻骑兵，一场 5000 元就能搞定。去年以来，《真假悟空》剧在绍兴农村以包场的形式试演了十余场，每场观众都达上万人（露天舞台四周漫山遍野都站满了人），票价均摊到每个人头上，只要 5 角钱。可想而知，这才是《真假悟空》剧真正的大市场。

演出是戏剧的生命。绍兴有关方面对此形成了共识：绍剧根在山野，魂在百姓，市场在农村。时任中共绍兴市委常委、宣传部部长谭志桂表示："删繁就简三秋树，标新立异二月花，《真假悟空》剧一剧三版的尝试，就是力求实现'赛场'和市场的双丰收。我们花大力气打造出来的这台新江南猴戏经典，一定要走出小圈子，融入大市场，简装版和草台版将在绍兴持续演出。"

据悉，《真假悟空》剧在"七艺节"期间的演出门票早已售罄，为满足市民的强烈要求，绍兴方面已决定在国庆前后加演三场。陈伟龙表示，《真假悟空》剧的演出才刚刚开始。

《大明宫词》吓坏了谁

看了上期“娱乐”版上雨田先生《〈大明宫词〉吓坏了莎士比亚》一文，忍不住想说几句。

乍看《大明宫词》，确实被吓了一跳：编导竟敢这样拍古装历史剧！怀着好奇心看了一段时日，感到在古装历史剧泛滥成灾的今天，《大明宫词》别开生面，一扫古装历史剧的陈腐之气，给荧屏带来了一股清新的风。它必将以独特的“这一部”而在国产电视剧画廊中占一席之地。

不错，《大明宫词》可能不太囿于史实，但人家编导压根就没打算走历史电视化还原之路，编导无非是编这么一段历史故事来说现代人自己的事儿，你跟人家去计较真实与否，不是驴唇不对马嘴吗？电视剧本身就是一种允许虚构的艺术，何况“一千个人眼中就有一千个哈姆雷特”，雨田先生如果想了解真实的历史，那不如直接去看正史上的记载。

《大明宫词》的节奏确实不快，但它不是以情节取胜，而是以抒情和说理见长，你指责它节奏拖沓，不就跟指责相扑运动员跳不好芭蕾舞那样可笑吗?

雨田先生还指责《大明宫词》把“本应口语化、大众化的台词写成八股文的诗”。我不知道有谁规定，电视剧的台词一定要“口语化、大众化”，而不可以是“华丽的辞藻”和“诗”。恕我浅陋，我不知道这些诗“八股”在哪里。相反，如果一味规定电视剧必须千篇一律“口语化、大众化”，倒有导致“八股”的危险。

《大明宫词》没有按照雨田先生的思路拍，因此，“人物失去了本应有的性格，故事情节失去了原有的精彩”。这里的“本应有”“原有”，想必是雨田先生脑筋里既有的框框吧。

与雨田先生相反，大多数观众看到电视剧没有按照自己的预想拍，肯定会感到惊喜，因编导的大胆创新而惊喜，他们一点也没被吓坏，当然《大明宫词》也吓坏不了始终惯于创新的莎士比亚。我看吓坏的倒是那些带着条条框框看片、一遇“清新的风”就患感冒打喷嚏的人，比如雨田先生们。

最后，请允许我模仿一下雨田先生的结束语格式，“真诚地奉劝一句”——别自己吹不得“清新的风”，就嚷嚷着让大伙儿都把窗关上。

名人出书缘何成热

名人出书是当今演艺界的一道热风景，对于这道风景，舆论似乎颇有微词，群起以“低俗浅薄、卖名牟利”等攻之，笔者倒另有一番话说。

细究起来，名人出书之所以成热，是因为有社会背景。在“各领风骚三五天”的今天，名人出名快，被人遗忘得也快，在台前屏后忙得不亦乐乎的名人们，自然是深谙个中三昧的。于是，于身心俱累的当口，骤然抽身，暂隐幕后，收拾心情，打理思绪，捉笔为文，遂成演艺界一大时尚。写得如何不说，起码是一段生涯的总结和记录。此外，还有银两进账，此等名利双收的好事，何乐而不为呢？此谓名人的需要。

名人著书，更是芸芸众生的需要。何谓名人？芸芸众生关注之人也。关注名人，不独国人的专利，举目环球，概莫能外。君不见前不久英国前王妃车祸身亡，占了世间媒体多少版面、时段？可见慕名人之心，人皆有之。如今名人出书，自曝“秘闻”，满足天下好奇人之心，追随者自是浩荡。名人著作动辄数以十万计的印数就是最好的旁证。

需要即市场，面对这样巨大的需求市场，难怪出版商千方百计开发名人资源，并慨然以十万百万元的稿酬许之。

笔者没有一一拜读过目下影视名人们的“名著”，不过想必媒体对“名著”的“低俗浅薄”的评价不会离谱到哪儿去。可在目前流行“快餐”、注重“休闲”的风气下，有一些通俗书刊又何妨？更何况一朵花儿再鲜艳也开不成百花园，一支铜号再嘹亮也奏不成交响乐，只要不是毒草和噪声，就让它再多一些绚丽和缤纷吧！要求出版社的书本本书都高雅，部部戏皆精品，那是不可能的。

至于“卖名牟利”，不少人颇不以为意，这等淡泊之心固然可嘉，然“红眼病”患者另当别论。同样一件衬衫，一样的面料，一样的工艺，名牌的要卖200元，不是名牌的20元也不见得有人要。此乃名牌的潜在价值，“眼红”是没有用的。同样，名人之所以为名人，是因为除了机遇，必有其非常之努力、非凡的经历，他（她）的名气就是无形资产，也是可以用金钱来评估衡量的。我们现在搞市场经济，价值规律在出版业同样起作用。名人出书，将名人效应转换成市场效应，进而体现经济效益。在这个过程中，名人露了脸，出版商赚了钱，读者过了瘾，可谓各得其所。

窃以为，对于名人出书热，大可不必大惊小怪。具体到个人，你爱看，掏钱就是；你不爱看，不买也罢。况且，名人们能静下心来伏案著书，终究不是一件坏事，如果他们借此三省吾身、查漏补缺、再上台阶就更好了。赚了钱的出版商能以丰补歉，出几本真正的名著也未可知。总之，一味地“打杀”是要不得的。

叁 书生观察

工笔·大手笔·神来之笔

在千城一面的今天，绍兴如何提升影响力和辨识度？在城际竞争日趋激烈的当下，绍兴如何以“独特的这一个”自立于全国乃至世界城市之林？答案是历史文化。在绍兴这片古老的土地上，历代名人之多、历史遗存之丰、遗迹品格之高，举国罕见，在世界上也并不多。这是祖宗留给绍兴无法复制的资源禀赋。从某种意义上来说，改革开放四十年，也是绍兴城市“路线斗争”四十年。囿于历史范畴，四十年来，绍兴的城市建设忽左忽右，像钟摆一样摇摆不定，从而给绍兴留下了当下这个新旧杂陈、令人莫衷一是的城市现状。而今，绍兴市委、市政府跳出城市建设的左右路线之争，辩证地推出“双城记”战略：一方面对标新兴发达城市，放手发展以集成电路、高端装备为支撑的新城；另一方面梳理统筹历史文化存量，力图通过持之以恒的有机更新，实现绍兴古城的伟大复兴。为了复兴大业的稳步推进和顺利实施，绍兴从法律保障、组织机制、资金统筹等方面进行了系统安排，形成了一部目标明确、任务清晰、各司其职又通力合作、可操作性极强的纲领性文件，打消了此前相当一部分人“古城保护口号好喊戏难唱”的疑虑，极大地凝聚了共识，提振了信心。

1. 建立“四个一”体系。

一部法规——2019 年 1 月 1 日《绍兴古城保护利用条例》颁布实施，从法律层面予以保障；

一个机构——成立绍兴市历史文化名城保护办公室，实体化运作，统筹古城保护利用；

一项基金——从全市土地出让金中计提专项资金，为古城保护利用提供财力支撑，以此撬动更多社会资本参与；

一份清单——绍兴市历史文化名城保护委员会每年制定工作清单，分解任务，共担责任，全面推进。

笔者以为，撬动更多社会资本参与到古城复兴大业中来，规划是关键，特别是房地产规划，在老城区更多规划和古城气质相符、风貌相谐的中式建筑，比如“古越郡府”等。

2. 设定“三个地”目标。以全城申遗为导向的历史文化传承地；以文创文旅为业态的年轻时尚集聚地；以传统风貌为依托的宜居环境生活地。纲领既定，接下来就是拉具体项目清单了。根据绍兴市名城办发布的项目书，笔者不揣浅陋，谈一点个人的观察思考。

古城入口项目　**树立入城地标，无缝连接阳明故里与书圣故里。**

绍兴被称为“没有围墙的博物馆”，具有 2500 多年建城史的文化古城，一直没有一个标志性的具视觉冲击力的标志物。人们在距绍兴还有一二百公里的高速公路上，就不断看到“绍兴古城”的指示牌，但及至鲁迅故里，还在一脸懵懂地张望发问：“绍兴古城呢？绍兴古城呢？”古城入口项目旨在城北入口建立一座城楼和一段城墙，给绍兴古城穿上一件古色古香的外衣，从而避免上述尴尬。

笔者认为，此举可谓举重若轻，四两拨千斤，对于绍兴古城具有标志意义和封面意义。届时，绍兴的城市形象、城市气质、城市辨识度必将为之一振！

只是，自古城墙都是闭合的，哪有一段的？一段的只能叫挡板，算不上城墙。所以在设计规划上宜着眼长远，考虑绕环城路规划重建闭合式的真正意义的城墙。考虑到环城路正在建高架，能不能将高架和城墙结合起来，以收事半功倍之效？另外，城楼也应考虑结合历史和现状，规划修建各个入城口的门楼。比如西面重修迎恩门，西南方向重修偏门，南面重修南门，东南方向重修稽山门，东面重修都泗门，等等？当然，兹事体大，绝非一朝一夕之功，却尽可大胆设想，小心论证，超前规划，分期实施。

阳明故里　**以考古为基，恢复阳明故居，结合黄酒博物馆、西小路历史街区、古越藏书楼等，打造主题型旅游综合体。**

阳明心学乃当今显学，绍兴又是中国阳明心学高峰论坛的永久会址，正值绍兴打造“东亚文化之都”，所以此项目当数重中之重。在地理位置上，项目南邻越子城保护区，北面通过古城入口项目和书圣故里无缝衔接，东面和市政府老大院改造工程相望，可以说，此项目是绍兴古城继鲁迅故里后的又一个“月亮型”重点工程，值得工笔细绘，精雕细琢。

项目所在的西小路历史街区，是绍兴水乡风情风貌保存得最完好的区域，域内水网纵横，古桥卧波，台门错落，还有吕府等高宅大院，改造项目如何毫无违和地融入其中，使之相得益彰而不是彼此冲突，是很考验设计规划者的匠心和智慧的。

阳明故里项目的另一重意义是，它将越子城保护区、书圣故里历史街区、上大路、下大路、市政府老大院博物馆区及仓桥直街风情街基本黏合到了一起。

“鉴湖越台名士乡”，绍兴古城名人故居众多，像珍珠一样散落在8.3平方公里的古城核心区，虽然相距不远，但往往由于几处现代建筑阻隔，缺少连通，以致成了五味杂陈的“夹生饭”。如何通过关键节点的改造，串珠成链，化点成面，这是阳明故里项目带给我们的启示，也是古城有机更新的题中之义吧。

书圣故里　**改造探花坊入口，对蔡元培故居周边进行改造提升，恢复肌理，展现古城传统风貌，展示中华优秀文化。**

书圣故里改造开放已久，无奈一直不温不火。此次于蔡元培广场、故居及周边改造之际，借古城入口项目和阳明故里无缝衔接的东风，通过探花坊入口改造，强化“露出”效应，书圣故里重新激活值得期待。

市府老大院区块　**古城非功能疏解和超高建筑削层示范区，对既有建筑进行改造，植入文化要素，建设绍兴气象博物馆、绍兴名人馆、绍兴清廉馆、北纬30℃展示馆。**

这是古城削层变矮的一个样板工程，原市政府大楼摇身一变，成了名人馆、气象博物馆和清廉馆。从改造结果看，确实有化平庸为神奇之效。北纬30℃展示馆概念新奇，可谓神来之笔。古城保护不能故步自封、泥古不化，太需要这种基于事实依据和历史渊薮的令人脑洞大开的创新之举了。

另外，改造后，此地有豁然开朗之感，纾解非古城功能，纾缓古城密度，当属范例。

周恩来祖居区块　**引入海棠文苑，弘扬红色文化，传承革命精神。**

原周恩来祖居实在太小了，而且藏在“深闺”不为人识。在红色文化正炽的今天，不妨适当做大。建议在中兴路或解放路和祖居相对、相邻位置，规划建设周恩来广场和雕塑，强化祖居的“品牌露出”。鲁迅、蔡元培、秋瑾、徐渭都有广场和雕塑，也应给周总理建一个广场，而且，这也是对绍兴最好的宣传。

八字桥历史街区　**此地是古城最具水乡风情、保存最为完好的原生态遗存。**

切忌大拆大建，大改大动，宜精雕细琢、工笔细绘，在绝对尊重大运河及古桥群等“原作”的前提下，适当对破败破损之处修缮整理，原则是修旧如旧。

越子城　**是越国古都，中华商圣所在。**

尤其是府山，历史遗迹比较丰富，历史文物也多，不应仅仅做成泛泛意义上的休闲公园。根据规划，北片扩建高品质山水园林式酒店（绍兴饭店），南片重塑核心城区繁华景貌。值得注意的是，其中以清幽闻名、有“恋爱之路”之称的环山路，建议引入年轻时尚互动元素，和厚重的越子城形成互补。

鲁迅故里　**古城最负盛名、营运时间最长的“月亮型”景区。**

时间之于景点是把双刃剑，要么日臻成熟，要么走向衰落。鲁迅故里不能躺在现在不俗的客流量上故步自封，而应居安思危，不断完善旅游配套，不断引进年轻时尚元素，升级“研学游”功能，使之真正成为经久不衰、光芒四射的古城最具生命力的“大月亮”。

青藤书屋区块　**以一代书画天才徐渭诞生500周年为契机，打造中国水墨画与绍兴师爷之文化高地。**

5月19日，徐渭艺术馆、青藤广场落成开放。笔者兴冲冲赶去瞻仰，坦率地说有点失望。应该说，设计规划方面动了不少脑筋，建筑也算有所创意。但在如此密集的老旧居民区，放入如此庞大、崭新的建筑物，有一种格格不入的“夹生”感。

此外，徐渭故里是不是可以向越王城广场方向开门，可以让藏在“深闺”的徐渭故里“崭露头角”，得见天日，另外也可以让孤零零的它和越子城保护区“串珠成链”，连成一片。

沈园区块　**拓展爱情名园，恢复赵园，改造姜家园，重现最具文艺情怀的江南古典园林。**

盛名之下，其实难副。沈园一直以来内容比较单薄，园林也嫌粗疏。希望修复后的赵园和沈园勾连成片，双园合璧，成为有一定规模和相当水准的江南古典园林群。

塔山文化广场　**依托山水场景，集聚“老字号”，打造沉浸式消费空间。**

笔者认为，广场对面的步行街形态尚佳，但毕竟“年老色衰”，人气不再。建议将步行街纳入规划，统筹考虑，如此，既激活了步行街，又能让整个片区的气势和规模显现出来。

柴场弄“风越里”项目、“风越里”特色街区项目与银泰城相距不过百十米，交通便利，人流密集，地块内明清建筑众多，不仅有朱赓故居，还紧邻秋瑾故居，靠近鲁迅故里，历史文化资源丰富，文商旅融合优势明显。“风越里”将在符合文物保护利用的原则下，对现有地上建筑进行梳理，通过拆整结合的方式，引进品牌民宿、创意酒店、酒吧餐饮等服务业态，打造沉浸式文化体验区和古城特色商业街区。项目有望于2021年年底完成。

笔者注意到，这是绍兴古城有机更新计划中少有的特色商业街区，和其他大多以外来游客为目标的景区化改造不同，它旗帜鲜明地以本地居民为主要服务对象。确实，绍兴是世界的绍兴，更是绍兴人的绍兴。古城在有机更新中一定要照顾到老城区原居民的生活，提高本地居民的获得感和满意度，升级本地居民安居乐业的幸福指数。

此前的鉴湖水街和迎恩门水街与此类似，值得肯定。

台门微更新 **台门是绍兴古城的一大建筑特色，民谚曰："绍兴城里十万人，十庙八庵八桥亭，台门足有三千零。"绍兴古城台门之多、品相之高、保存之完好，为江南少见。项目旨在以"绣花"功夫织补修缮，激发其生机和活力。**

笔者认为，最好的保护是利用，只有真正用起来，众多垂垂老去的台门才能活过来。建议出台相关政策，鼓励台门开设精品民宿、高档会所、书画展馆等。

3. 构建"两个环"格局，文化与休闲相得益彰，旅游与生活相互融合。

以历史为媒，串联主题，有越子城的古越风情、书圣故里的魏晋风流、八字桥的唐宋风韵、阳明故里的明清风雅、鲁迅故里的民国风度，形成核心文化展示环。

这些街区各具特色，相距也不远，但往往其间有现代建筑相隔，以至于近在咫尺，但可望不可即。要下决心借"削层变矮"工程实施之际，打通"肠梗阻"，同时增加标识，明晰路径，使几大历史街区贯通，连成一片。

以护城河为线，恢复两岸遗存，增配设施，增色夜景，增添风情，形成生态景观休闲环。

环城河改造工程曾经是绍兴的骄傲，为绍兴赢得了不少荣誉。但环城河一直以来的问题是，只可远观，不能“亵玩”。“无商不活”，商贸是景区景点的活力所在，除了增添休闲设施，建议适当布局特色商业。

绍兴古城景区景点多以人文历史为主，不失厚重，但也不免沉重。环城河休闲带的打造不失为有益的补充，为古城旅游从观光型向度假型转身铺垫探路。

4. 围绕“一条轴”发展。以“历史的真实性、风貌的完整性、生活的延续性”为原则，以“十四五”规划引领，沿解放路主轴线，两翼展开，区块联动，推进“古城项目群”建设。

解放路是绍兴的主路，也是古城的门户。古城大部分名人故居、重要历史遗迹、主要风情街区大都分布在解放路两侧。建议将分布于附近的故居遗迹、景区街区外延引至解放路，在此形成枢纽或者橱窗。日后环城高架和地铁建成后，解放路穿城过境功能弱化，建议将环城北路至环城南路之间的解放路建成“精致化、景观化的步行街”。结合历史资源和现状存量，将解放路打造成名人广场、名人雕塑一条街，把解放路真正打造成城市门户和文旅主轴。

通过持之以恒的有机更新，把古城还给世界！这是一项任重道远的千秋大计。要以“功成不必在我”的心态、愚公移山的意志，咬定青山，聚沙成塔，一届接着一届干，一代接着一代做，绍兴古城的复兴大业终将实现！

其间，我们既要有削层变矮、城楼城墙这样彰显意志的石破天惊的大手笔，也要有类似北纬30℃展示馆这样令人脑洞大开的神来之笔，更要有以“绣花”功夫，充分尊重历史和风貌的工笔细绘，比如八字桥片区。

作者不是专业人士，对古城研习亦浅，之所以不揣粗陋，不怕贻笑大方，是因为全凭爱乡爱城的一腔热忱，旨在抛砖引玉，凝聚民意、汇集民智，共同为实现绍兴古城伟大复兴的宏图大业添砖加瓦，发光发热。

“北城门”三问

“北城门”工程缘何突然“停摆”？

笔者 2021 年 9 月份几次经过位于市区的城北桥，发现昔日紧锣密鼓、热火朝天的绍兴“北城门”建设工程“灶清锅冷”，突然“停摆”了。询问工地相关人员，说是“北城门”设计方案需要优化调整，至于何时重启建设，不得而知，他们也在待命中。

2019 年，媒体报道称，绍兴古城北入口处，将矗立起一座古城标志性构筑物——绍兴城楼和城墙——市民简单地叫它“北城门”，其官方名字为“绍兴古城入口改造提升工程”。新闻通稿中称其规划方案“广泛征求了专家、学者和社会各方面的意见，反复论证，反复修改，几易其稿，最终形成了目前的方案”。

方案显示，绍兴古城北桥处将建起高 8 米的城墙和宋代风格的城楼。城墙东到蕺山，西到兴文桥直街。届时，解放路东侧将形成既有地方传统神韵又有强烈时代气息，传统与现代交相辉映，集文创、文修、文娱、文教于一体的文商旅深度体验集聚区。西侧将形成交通集散中心，并具有旅游咨询、住宿等服务功能。东西两个片区都营造出广场、街巷庭院、楼台、连廊等一系列高质量和精心策划的公共文化空间。项目一期占地 3 公顷，规划方案由中国著名设计大师邢同和设计。资料显示，邢同和是当代中国职业建筑师中的杰出代表，他设计的作品追求时代精神与民族传统、现代技术与历史文化的有机结合，并带有强烈的创新意识。

邢同和在接受媒体采访时说："我觉得应该做一个比较特别的城楼城墙，把传统的城楼城墙通过印象的方式表达出来，让人们回味，人们在看到这个印象的城楼城墙后，会引起乡愁。它远看似乎是城楼，近看是构架，给人以穿越时空的想象力，让古代文化与现代文化在交相融合中产生碰撞。"

具体主持实施该工程的市文旅集团相关人士表示，古色古香的绍兴古城，一直没有一个入城标志。古城北入口处城楼城墙建成后，将成为绍兴古城入城标志性构筑物。人们一到这里就感受到古城古韵，它将东连书圣故里，西连阳明故里，并使古城东西两个名人故里连成一片，从而激活古城。

领导高度重视、各界热切期望，万众瞩目下，工程于 2021 年底正式启动。

可城门门洞刚具雏形，人们发现实体呈现和效果图大相径庭。套用一句网络语就是：买家秀和卖家秀的差距。

事实上，不仅仅是现实呈现，对于公示的方案效果图也是众声喧哗，并不如新闻通稿中说的那样"各方认同"，网上更是怼声一片。有网友总结说："绍兴城建史上，估计不会有第二个像北城门这样从方案公示到建造中一直被骂的案例。"

城门、城墙是百年大计，事关古城的颜面。出于慎重，工程紧急刹车，于夏秋之交暂时停了下来。

众所周知，在建筑领域，对规划方案进行优化升级几近常态。而且，对于“北城门”这样的门户工程，集思广益，从善如流，努力寻求领导、专家、市民之间的“最大公约数”，当是“充分必要条件”。当此“北城门”按下“暂停键”，不失为明智之举。

优越的咏觞

大凡有点名气的古城，其旧城改造都会惹来一些非议。总有那么一些以文化人自居的人，自己住在现代化的公寓里，一边享受着空调煤卫一应俱全的现代文明成果，一边赞美大杂院内光膀子、大蒲扇的“风情”，讴歌老街坊里烧煤炉拎马桶的“文化”。自然，这样的“风景线”总是不可避免地日渐消逝，于是他们便发出充满优越感的咏觞，感叹“古城不古”“古城消亡”云云。按照他们的意思，似乎巴不得这些古城整个儿退回到16—17世纪去，如果人们穿上长衫马褂，他们一定会抚掌称颂。甚至人们退回到原始社会去，只穿树皮草裆，他们更会不吝溢美之词呢！

相信谁都不会傻到仅仅为满足别人的“欣赏”而“克己复礼”。作为21世纪的主人，每个人都有权共享人类文明进步成果。

古城要不要保护？答案是肯定的。但一味地为保护而保护既不现实，也无必要。事实上，一般古城大部分民宅破败不堪，夏天像蒸笼，冬天像冰窖，一逢下雨天，外面下大雨，里面下小雨，根本不适合人类居住。那些在高楼里大唱“风情”的人，拿老百姓的话来说叫作“饱汉不知饿汉饥”。

而且，大部分旧民居也没有多少文化含量。咱们的秦砖汉瓦不像人家欧美的石头城堡，是最不堪时间和风雨考验的。因此所谓的老屋早已不是“原创”，大部分都是后人“与时俱进”造新的产物，其中不少因为人口繁多所迫，东拼西凑七搭八接成了大杂院，早已面目全非。走进里面，阴暗潮湿拥挤不堪。要说文化，这也是一种落后的文化，没落的文化。

时代在前进，文明在进步，秦砖汉瓦是那个时代生产力的产物，代表了那个时代的文明。如果秦汉时代有“多快好省”的钢筋水泥幕墙玻璃，相信我们的祖先也会用它创造出更多的建筑样式来。因此，我们要理直气壮地大胆创造我们这一代的文明。如果一味泥古不化，原地踏步，不思进取，祖先地下有知也会骂我们没出息的。

说到底，城市是人类聚居的场所，住宅是人类遮风挡雨的空间，宽敞明亮牢固舒适是第一位的。城市建设必须以人为本，满足人们的居住需要；说到底，古城保护是一种博物馆意义上的保护，作为传承文脉的“薪火”，它存之一隅，供人们观瞻缅怀。如果一味全盘“古”化，让死人挡了活人的道，就有点反客为主、本末颠倒之嫌了。

当然，我们这样说，并不是说悠久的历史、灿烂的文化是古城的包袱，相反，它恰恰是古城改造发展的基础，是这个城市的灵魂所在、特色之源、个性之基。因此，古城的保护改造发展应该十分注重传承历史文脉，注意风貌协调，以独特的“这一个”自立于世界城市之林。但传承历史文脉绝不意味着囿于历史故步自封，事实上，谁想一厢情愿地泥古不化也是不可能的，优越的咏觞之类永远也挡不住时代滚滚向前的车轮。

2020，看见绍兴

2020年3月28日，一个惊雷在绍兴房地产市场炸响。这一天，越城区城西yc-04f-05地块以每平方米21569元的价格被杭州众安集团拍下，这意味着绍兴的楼面价一举突破了每平方米2万元的天花板，意味着它以后的销售价将达到三四万元。

这真是惊人的一跃!

要知道，上一个地王，迪荡湖2号的价格以其紧靠迪荡湖独特的地理位置，价格是每平方米16723元，时隔仅仅几个月，竟一步跨了5000元。

除了优质教育资源相对集中的老城区，大绍兴核心区镜湖新区和融杭桥头堡柯桥也是地王频出的热点板块，搜索这两个板块的土地竞拍价走势，基本都是一骑绝尘的陡峭图形。

事实上，此前，绍兴的房价一直不温不火，市区房产均价一直在每平方米1万元左右盘桓晃悠。而同期，在杭州市区房产均价早就上5万元，宁波每平方米早就上3万元。在浙江力推杭绍甬一体化的背景下，绍兴的房价洼地显而易见，分外扎眼。资本的眼光是最自然不会放过价差，忽如一夜春风来，恒大、融创、碧桂园、中海、保利、招商等头部企业如梦初醒，纷至沓来，不断刷新的地王就是他们的手笔。

“本地和尚”们当然不会袖手旁观，前几年曾将战略重心调整至市外的本地房产大佬金昌、祥生、元垄等见机力杀回马枪，抢占市场份额。

民间人士通俗的评论是“绍兴的房价这回是彻底摁不住了”。

与绍兴房地产业市场的强烈躁动形成对比的是，在国家强势调控下，同期的全国房地产市场可谓波澜不惊，涨跌互见。那么绍兴市场的频频异动从何而来？业内人士一言以蔽之：“绍兴的城市能级早已不可同日而语了。”

首先当然是撤县设区。2013 年 10 月经国务院批准，撤绍兴县设柯桥区、撤上虞市设上虞区后，绍兴市区面积从全省倒数一跃而为全省第三，在浙江省乃至全国的重要性和“能见度”显著提升，被权威机构评为“新二线城市”。

其次是交通赋能。继几年前连接大上海的嘉绍大桥建成通车后，一大批交通重磅项目——杭绍台高速、杭绍台高铁、杭绍地铁、杭州中环（穿越柯桥）等相继规划投建，融杭发展、杭绍同城不再仅仅只是口号和概念，而是渐渐走下蓝图，触手可及。根据公开资料，绍兴综合交通“十四五”期间的投入跨入千亿量级。

值得一提的是，2020 年 6 月 28 日先行段通车的杭绍台高速，终于使包括越城、柯桥、上虞三区在内的绍兴大市区形成了一条绕城高速闭环，也就是说，绍兴至此终于有了梦寐以求的绕城高速。

绕城的还有高架，绍兴的雄心是通过高架（智慧快速路）和地铁，把越城、柯桥、上虞连接起来，使之真正地融为“一个市区”。

再次是产业赋能。离开了产业的支撑，无论是城市的发展还是房地产业的兴旺，都是不可持续的。绍兴这几年真是闷下身子，一门心思狠抓产业的转型升级。比如越城区，一直说不上什么有规模、上档次的产业，这两年致力打造越城“芯高地”，迄今投资额高达750亿元，包括中芯国际、航芯高科等业界大佬纷纷落户越城。

柯桥在撤县之前就是名列前茅的“财神县”，这几年更是势如破竹，打造高端纺织、时尚创意、先进装备、现代建筑业及旅游等五大千亿产业集群。不久前，全国时尚休闲节花落柯桥，你去柯桥转一转就会发现，这个原本依托在布匹上的小镇，越来越有国际范了，俨然一个新兴的中等城市。

至于上虞区，一直是产业科技含量高、结构相对合理的“模范生”，这几年借助打造e游小镇等，转型升级又上了一个台阶。

能级，能级，还是能级。所谓“实力不允许低调”，表面上看，是绍兴的地价涨了，房价升了，“房价捂摁不住了”，究其根本，是绍兴的城市能级被资本市场重新定义和定价，是经过这几年的发展，“绍兴的城市能级捂不住了”。正因如此，地产大佬们开始在绍兴扎下根来。比如融创，越州府项目墨迹未干，又携三千亿巨资打造东浦黄酒小镇，从目前披露的项目书来看，这将是浙江又一个乌镇。而与恒大珺睿府一路之隔，原城东热电厂地块，恒大文旅小镇将次第绽放。

2020，资本看见绍兴，产业看见绍兴，人才看见绍兴。

看见绍兴就是看见机会！

你看见了吗？

绍兴绕城高速初具雏形

2020年6月28日，绍兴隆重举行杭绍台高速平水至新昌南先行段通车仪式。这个绍兴史上单体投资规模最大的工程于此揭开了红盖头，这意味着绍兴向东南又多了一个重要通道，更重要的是它与杭甬高速、上三高速、绍诸高速大致形成了一个围绕绍兴的闭环，绍兴梦寐以求的绕城高速至此初具雏形。

此前，虽然绍兴有杭甬高速、上三高速、绍诸高速、杭金衢高速过境，但这几条高速在分布上有点“各行其是”，不少区域上高速十分不便。比如越城区城南，以前上杭甬高速去杭州的话，得穿过整个城市到北面的袍江道口，费时差不多一个小时左右，非常不便。绍兴苦无绕城高速久矣！

随着杭绍台高速的开通，绍兴城南居民去杭州可通过现绍诸高速绍兴南转杭绍台高速，十多分钟即可驶上杭甬高速，到杭州的时间将缩短一半左右。

同样，越城西的居民以后去杭州，不必穿过大半个柯桥城区上高速了。杭绍台高速在胜利西路就有一个道口。

所谓绕城高速，其一大要义，就是城市四面八方都能就近便捷上下高速。

不仅如此，杭绍台高速的开通，还使绍兴从一个交通过境城市一跃而变身为交通枢纽城市。杭绍台高速将杭甬高速、绍诸高速、上三高速三条飘带扭在一起，在绍诸高速绍兴南打了一个结，这个结就是全省迄今为止最大的枢纽——绍兴南枢纽。

奔跑吧，杭绍台高速！

唯恐便宜了人民的算计令人齿冷

休息是为了更好地工作，还是工作是为了更好地休息？这是一个问题。按照一些精英人士的崇高说法，答案是前者。但升斗小民如我，无疑更倾向于后者。

或许是人类社会太过复杂，或许是人类历史太过漫长，我发现人们总是不知不觉间将原本确凿无疑的东西搞得似是而非，比如GDP到底是目的，还是手段？比如民主到底是手段，还是目的？追问之下，结论自然是不言而喻的，但真正做起来就恍惚了。在当前这场是否全国统一恢复“五一”七天长假的激辩中，在我看来，根本的一点就是混淆了手段和目的的关系。

追根溯源，当初“五一”“十一”两个黄金周的制度安排，就是旨在刺激旅游，扩大内需，一句话，为的是经济或者说GDP。此次广东出台“国民休闲计划”曲线恢复“五一”长假，其醉翁之意也是在金融危机的时局下提振经济，就是说让广大人民花钱为GDP做贡献，让政府的年度成绩单能够好看一点。长假是令人期待的，但一想到这后面的“好意”则不免令人失望。

我们的一些学者专家，似乎只会算经济账、政治账。只有数字没有人，即便是看到了人，也是人口、劳动力、人力资源等经济概念，而不是一个个鲜活具体的人。黄金周到底有没有提振经济之效？这是一笔糊涂账，不太容易算清楚。但依我之见，不管有没有提振经济之效，黄金周还是要的。黄金周的根本目的，是满足人民的休闲需求，提振经济只是一个附带的副产品，哪怕是不利于经济，百姓也应该享有休假休息的权利。事实上，科技创新、制度改革、提高效率、发展经济的唯一目的就是让百姓在充分的物质前提下享受更多的闲暇时光，而不是经济指标本身。

自2000年有黄金周一说以来，我们的生物钟已经习惯了一年三个长假的作息制度。倏忽取消“五一”长假，长长大半年时间，连个盼头都没有了，不免不习惯和扫兴，百姓要求恢复“五一”长假的呼声很高。

有学者又说了，我们一年假期已达115天，都向日本看齐了，恢复“五一”长假全年再增加3天假期，如何了得？我很敬佩这些学者当家做主的主人翁意识，但那种唯恐便宜了百姓的“下意识”则令人齿寒。

在我看来，中国人民是太过勤劳、太过节俭。带薪休假之所以名存实亡，既有单位苛刻的问题，也有百姓过于勤俭的原因。在这样的国情下，恢复“五一”长假，让百姓增加法定的3天休息时间，可谓矫枉得当，正得其所。所以，我力挺广东的“曲线救假”（尽管对它的出发点心存腹诽），更期望全面恢复“五一”长假。

魏振刚气头为何介粗

魏振刚开车撞了人还出手伤人，并口出狂言能摆平任何一个部门，一个小小的厂长为何气头介粗？究其心态，大抵是因为有了几个钱，横着走惯了，自以为可以践踏公德，藐视法律。

纵观当下社会，魏振刚类绝非绝无仅有。

魏振刚最后还是没有“摆平”，法律再一次证明了它的公正公平，说明正义和人心是不那么容易被“摆平”的。然而魏振刚的狂言从反面提醒我们：公务执法人员啊，时刻当心被“摆平”！

老板，你的心肠也忒硬了吧

看了《13次申请执行拷问企业良心》一文，相信很多读者都会发出这样的感慨：老板，你的心肠也忒硬了一点吧！

《拷问》一文写得很客观、很冷静，然而透过报纸，人们还是依稀可以看到一个处在困境中的老太一次次奔走在法院和企业之间，老太的屈辱坚忍，企业的冷漠绝情跃然纸上，两者形成了鲜明对比。

160元钱，对于老板来说，不过是半条烟，一瓶酒，然而对于谢老太一家来说，可是活生生的救命钱哪！也许此事另有隐情，企业也有自己的原则和规矩，老板可能有自己的苦衷和难处，但纵有千条万条，都不足以构成拒绝谢老太的理由。拒绝谢老太，不光是对已判决生效的法律文书的拒绝，更是对人伦和天理的拒绝。

我不相信老板的心肠真的有这么硬，而情愿相信这是老板在意气用事，不然，其所作所为已远远超出了我等善良之辈的理解范围。或许是老板在和谢老太对簿公堂时结下了怨气，因此现在不惜每次多拿出50元执行费，也要故意刁难谢老太。倘若果真如此，作为一家堂堂公司，作为一个平日里有头有脸的老板，心胸也未免太狭隘了吧：你跟人家孤儿寡母较什么劲啊？

意气太盛防肠断，肚里有气，消了才好。经过 13 次折腾，相信老板的气也该消得差不多了。但愿人们不再看到谢老太第 14 次申请执行的新闻。

此文发表后惹了一点风波，公司十几人气势汹汹打上门来兴师问罪。我毫无惧色："你们仔细看看，我不过是劝人向善罢了，如果有错，那就是善良错了。想必各位家中也有父母老人，而且各位也会有老的一天，你们扪心自问一下吧！"半晌，来人方才骂骂咧咧地悻悻离去。

惊闻中小学入选“十大暴利行业”

据南京一家调查公司披露，一向被人视为“清水衙门”的中小学入选“十大暴利行业”。有资料表明，光择校费一项，全国学校一年就超过 270 亿元，这当中大部分属于乱收费。

教育部早就明文规定，义务教育阶段，学校不得招收择校生，不得以任何理由和名义向学生家长收取与招生挂钩的赞助费、捐资助学费、共建费。然而不知为什么，制止乱收费的措施一年比一年严厉，查处乱收费的声势一年比一年“壮观”，但教育乱收费现象却愈演愈烈。

教育乱收费为什么屡禁不止？许多专家分析说，教育投入相对不足、优质教育资源偏少、校长权力缺乏监督等等是其重要原因。但笔者认为，现行管办不分的教育行政管理体制是教育乱收费的症结所在。

我国中小学绝大多数是公立学校，教育局作为公立学校的主办者、管理者和资产代表者，双方利益高度趋同，可谓一荣俱荣，一损俱损，拿老百姓的话说，教育局是学校的“爹”。儿子有本事收费赚钱，贴补“家用”（门面上的说法是“发展教育事业”），做爹的心底里高兴还来不及呢，焉有不捂着藏着之理？尽管有时候做爹的不得不高高举起板子，一副要动用“家法”的样子，但“家法”毕竟是“家法”，深知个中底细的儿子嘴上连声求饶，心里兀自不怕，依然我行我素，甚至变本加厉。原本就不怎么忍心的老子顶多除了责怪儿子不给面子，也只能无奈地摇摇头，那高举着的板子落下去时不知不觉变成了“按摩”的姿势。

那么，如何实现教育体制的管办分离呢？简单地要求教育行政部门和公立学校脱钩是不现实的。笔者认为，应从改革调整教育行政部门的内部结构入手，将现行教育局事业发展一块职能和行政管理一块职能分离开来，教育事业发展局设想为事业单位，主职公立学校的统一规划、计划发展和国有资产的保值增值；教育监督管理局作为行政执法单位，斩断原来教育局和学校千丝万缕的利益关系，以保证公正执法，行“裁判”之职。如此，方有望从根本上解决教育乱收费问题。

对于教育行业从“清水衙门”到“暴利行业”的变化，老百姓特别不能接受。因为接受公平教育，事关每个人的希望和未来，教育腐败动摇社会公正之本。因此，对一些教育乱收费现象决不能等闲视之，久拖不决。

对大学生赖床风说“不”

新学期开始，绍兴职业技术学院几大餐厅统一推出了“七点前半价早餐”，一时间应者如云，同学们一改赖床积习，早早来到餐厅“薅羊毛”，餐厅营业额陡增了一倍多，晨练的操场和早自习的教室也从往常的冷冷清清顿时变得生机勃勃，热气腾腾。餐厅师傅感叹道：“这才是年轻人该有的样子！”

年轻人贪睡一点是可以理解的，但纵观当今中国大学校园，岂止是“一点”的问题，大早上赖床不吃早餐，上课迟到几乎“蔚然成风”，还美其名曰“起床困难户”，不以为羞，反以为“潮”，更有甚者大言不惭振振有词:“大学嘛，就是要把中小学欠的觉补回来！”

都说“青年是早晨八九点钟的太阳”，但真正临到早晨八九点钟，咱们不少“太阳”还在被窝里呢。有幸看到此文的大学生朋友，不妨扪心自问一下：你有多久没有看到八九点钟的太阳了?

我的邻居是一位中学老师，她家有两个大学生，寒假回家过年，一开始把她乐得不行，可过了一段时间时常唉声叹气，忧心忡忡，她说，每天做饭虽然累点，倒也乐意，只是一遍遍催他们起床吃早饭，心塞！她问道：现在的大学生怎么了？现在的大学怎么了？敢情成了滋养"赖床专业户""起床困难户"的温床！如此下去，岂不毁了一代人，学校也不管管？！

对赖床风，想必学校也很头疼，要说不管吧，辅导员、班主任也时常叨叨；要说管吧，毕竟是成年人了，也不能过于强求，久而久之，就形成了目前这种局面，不少人的"起床困难症"就是打大学时落下的。

这时候我们看到了绍兴职业技术学院的"七点前半价早餐"，从目前的实践来看，可谓是一项事半功倍、四两拨千斤的创新之举。

学校不仅是传道授业解惑的所在，也是帮助学生"扣好人生第一粒扣子"的地方，从这个意义上说，绍兴职业技术学院的"七点前半价早餐"不啻是一堂立竿见影、实打实的"思政课"，于国于家于生，功莫大焉。

至于"半价早餐"是否因为亏损而难以为继，笔者认为，销量大增应该可以弥补回一部分损失；另外，学校也应该有所补助，这本来就是一门重要课程——养成教育。如果花那么一丢丢小钱，就能根治大学生"起床困难症"，这笔账应该不难算得过来。

当然，单凭"半价早餐"一帖收服大学生赖床风，无疑是过于理想化了，然而，面对大学生赖床成风的痼疾顽症，我不知道怎么做才是对的，但我知道听之任之、熟视无睹、坐而论道、各种花式找理由推搪推却推诿，肯定是错的，我不知道"半价早餐"能走多远、坚持多久、"疗效"有多大，但我知道这种直面现实、正视问题、勇于担当、敢于首创的精神无疑是值得肯定和褒扬的，还是那句老话："只要精神不滑坡，办法总比困难多。"想当初那些看似无解的"世纪难题"，比如公款吃喝、公车私用、酒驾醉驾、舌尖上的浪费，不是一个个灰头土脸，被收拾得差不多了吗？

相信只要学校、社会铁了心向赖床风说"不"，向"起床困难户"宣战，压实各方责任，持之以恒，刚柔相济，综合施治，那么一定能还大学校园一个生机勃勃、热气腾腾的由晨练早读勾勒出的清新早晨，还民族一个个朝气蓬勃、坚毅向上的"早晨八九点钟的太阳"。

“不能、不许、不准”，公园盛气凌人霸气何来?

2023年3月8日起，柯桥瓜渚湖公园、坂湖公园2.4万平方米绿地重新开始向市民开放了，可喜可贺。

去年以来，随着露营热的兴起，“帐篷客”蜂拥而至，风景宜人的柯桥瓜渚湖公园草地遭到“长时间、集中性”踩踏，导致草地出现大面积退化，养护成本随之提高了100万元，公园管理方不堪重负，遂在国家大力鼓励发展“露营经济”、各地景区花式争抢“帐篷客”之际，“逆势”挂起了“免帐牌”。

对此笔者很是不解。公园姓公，又不是你的私家花园，公园方面有什么权力对“帐篷客”一拒了之？说轻点，这是懒政；说重点，这是逾权。

三年疫情，大家都憋得慌，节假日人们走向户外，搭帐篷露营，放飞心情，对于疫后身心调理大有裨益。国家因势利导，大力鼓励发展“露营经济”。这正是公园用兵之际、用武之时，而且，“帐篷客”纷至沓来，是“用脚投票”，是对你的认可、赞美，公园“冷屁股贴热脸孔”，到底是几个意思？

经过一段时间的修复养护，瓜渚湖公园、坂湖公园绿地选择了开放重启，这自然是好事。但从其目前公布的开放细则来看，这无疑是一份对“帐篷客”不太友好的生硬公告：不许使用天幕，不能摆放桌椅，不准烧烤、火锅，不准点燃篝火、燃放烟花，等等。

一连串的“不许、不能、不准”，我看到的是居高临下的衙门作风和盛气凌人的官本位态度。社会上很多这样的现象，因为觉得自己大小是个庙，就搞出七七八八的“土规定”“土戒律”，以彰显自己的权力、权威，也不管是否和国家的上位法相冲突。这和当前大力提倡“放管服”的大背景是格格不入的。

露营是后疫情时代的产物，“帐篷客”们选择露营，为的是深度亲近、体验、参与大自然，这不准那不许，那还叫露营吗？

“搞活都不行，管死第一名”，这是许多管理部门的通病。试问，我们终究是要一个游人如织、风生水起的公园呢，还是要一个门可罗雀、清汤寡水的“摆设”呢？

答案是不言而喻的。

当然，为尽量降低露营对草地的伤害和对公园环境的影响，“帐篷客”有自律的义务，但公园方面更应该把责任和服务挺在前面，比如选择耐踩踏的草种，在草地上设计合理的园路、配套安装帐篷和烧烤的台位，等等，而不是一味简单粗暴地对露营说“不”。瓜渚湖风景宜人，公园的制度环境也应像其风景一样友好、宜人。

说到底，这是一个削足适履还是削履适足的问题，到底是游客削足适履适应游园条件，还是公园削履适足满足游客的诉求呢？公众是公园的主人，主仆关系一目了然。

可以肯定的是，不主动“削履、改履”，主动为游客“玩得开、玩得嗨”创造条件、提供设施、搭建平台的公园，必然遭到“游客之足”的抛弃。

游客是公园存在的意义和生命力所在。所谓“用进废退、流水不腐”，离开人气的滋润，公园注定像一座久无人住的房子，只会衰败得更快。只有在游客的“摔打”检验中，公园才会逐步走向成熟。

公园方面可能觉得委屈。确实，对于不收门票的公园来说，“露营经济”的好处没有份，落下的只是满地垃圾、一地败草，人来得越多，花的力气越大，管理养护成本越高……

要解开这个二律背反的悖论，笔者认为唯有改变对公园方面的考评办法：既考其管理养护之责，又评其接待利用之效。从而从根本上提高公园迎客接客的积极性、提高公园服务公众的价值。

考评办法就是指挥棒，指挥棒一转，公园作风必然为之一变。届时你看吧，公园会像景区一样争先恐后对“帐篷客”张开怀抱，千方百计打出“露营牌”招流揽客，当然，那些盛气凌人的“七不准八不许”自然也就迎刃而解了。

不管怎么变，亲和友好、好看好玩、管用耐用，这才是公众的公共的园子该有的样子。

菜地何辜，菜农何罪?!

杭州亚运会日益临近，绍兴作为重要协办城市，城市环境整治、城市形象设计提升自是题中之义。媒体主动出击，曝光交通要道、体育场馆周边环境与亚运盛会不协调、不和谐、不相称的死角盲区，吁请职能单位、责任部门急起直追、抓紧整改，心下暗暗为之喝彩!

可是画面一转，转到了杭州亚运会上棒垒球馆外一块偌大的待建空地上，刚好有人在垦土种菜，一旁的工作人员说："这实在有碍观瞻，我们马上落实整改……"

我心头不由得一紧：怎么，又要和菜农过不去了?

我不明白我们的城市管理者为什么总是盯着升斗小民的蝇头小利不放，不禁脱口想问：菜地何辜，菜农何罪?!

曾几何时，城市里的零星菜地不知怎么"碍"了城市管理者的"观瞻"，在他们眼里，菜地几和垃圾违建同列。我多次注意到类似报道：某地发起景观提升行动，重点整治、取缔城市闲地、绿化带边角及待建工地上"见缝插针"式的零星菜地，"向城中菜地宣战”。

记得上一次菜地成为被整治的主角还是在五十多年前，彼时它的身份是“资本主义的尾巴”，想不到五十多年过去了，管理者还是揪着菜地的辫子不放，非要跟它过不去。

蔬菜一定很纳闷：同样绿色，同样生态，同样是植物，为什么那些花花草草叫作绿化景观，被奉为上宾，为什么偏偏自己横竖入不了管理者们的法眼呢？

菜农一定很纳闷：我勤劳，我生产，我利用城市边角闲地，多多少少增加了城市供给和社会财富，为什么搞得跟做贼似的呢？

我也纳闷：大家往上数三代也多是泥腿子，大家每天也是离不开蔬菜的，为什么一“工作”起来，就见不得菜地了呢？

“锄禾日当午，汗滴禾下土。谁知盘中餐，粒粒皆辛苦。”诗人李绅在《悯农》中说的虽是粮食，但菜粮同理，一样来之不易。希望管理者们执法时多一份悲悯心、同理心和包容心。

同时，在审美上也应转变观念，菜地的绿化、生态、景观之美，一点也不比那些花花草草矮三分，如果不说更高级的话。

也许你可以劝导要求菜农尽量把菜地搞得规整一点，“理体”一些，但切忌轻言取缔。如果你为图省事，实在控制不住“一灭了之万事大吉”的冲动，建议你背一遍《悯农》，然后扪心自问：于心何忍！

如你所知，我说的不单单是菜地菜农。升斗小民揾食不易，任何有损升斗小民蝇头小利的事，都应该谨言慎行，三思而后行。要知道，“人本政府”也好，“以人民为中心”也好，老百姓都是通过一件件、一桩桩具体而微的事情去体会感知的。

一场建立在臆想基础上的闹剧

这几天，一大帮以捍卫足球纯洁、捍卫亚洲尊严自居的慷慨之士纷纷挺身而出，大嚷黑哨把韩国吹进了四强，闪烁其词间直指韩国搞了“足球献金”，布拉特和郑梦准背后有不可告人的交易等等。

从事后播放的电视慢镜头看，韩国和西班牙一役确实存在着较为明显的错判，但人眼毕竟不是电子眼，错漏之处是免不了的，凭什么说人家一定是故意的呢？说人家行贿、“交易”什么的就更没谱了。不错，你有怀疑的权利，但臆想不足为凭，一句话：请拿出你的证据来。像现在这样肆无忌惮地公开声讨，要是布拉特懂中文，非告你诽谤罪不可。

东道主占主场之利，天时地利人和，裁判迫于强大的主场气氛的压力，不自觉地偏向东道主队，这种情况可能或多或少是存在的，大家也见怪不怪了。韩西一役的错判是触目了一些，但“触目”本身只能够说明失误的严重程度，并不能证明其他什么。进一步说，即便布拉特们真的幕后有什么交易，他们就一定能控制、左右得了世界杯吗？毕竟，韩国队的表现是可圈可点、有目共睹的。

我们的一些同志总喜欢戴着有色眼镜看人，怀疑一切，否定一切，动不动就揭黑幕、挖后台，甚至刨地三尺查他祖宗十八代，我不知道这是不是“文革”后遗症。反正善良如我辈者情愿相信这只不过是一次比较严重的失误罢了。你可以嘲笑这种善良的幼稚，但我还是那句话：请拿出你的证据来。不然，迄今为止，我只能说这是一场建立在臆想基础上的闹剧。

由体验杭绍地铁想到的

借着杭州湖滨一茶餐厅内测、可以蹭吃蹭喝的机会，终于发心体验了一把杭绍地铁。

杭绍地铁柯桥段的上座率看上去有七八成的样子，此前坊间对绍兴地铁没人坐的担心完全多余。当然，按这个上座率、这个票价，地铁公司血亏几无疑问。但地铁这类的公共基础设施和基本民生项目，作为国有的地铁公司以及其背后的政府，亏一点、贴补一点不正是其责任和担当吗？难道非要与民争利才“好贝[①]”？

事实上，在公共、公益领域，这种“算计思维”根本就是不应该有的。

如果非要算账，也不能简单狭隘地算运维成本的“小账”，而要从全局着眼算“大账”“总账”。地铁带来的城市融合、人才聚集、产业升级、沿线土地升值、城市能级提升等，远不是票价能够度量的。

① 好贝：绍兴方言，合算的意思。

从宏观层面上来说，地铁这样的巨型项目，也是拉动内需、消化钢铁水泥等产能的有效手段。这大概也是杭绍地铁之所以获批的重要原因之一吧。

由地铁的快速升温，我想起了日见趋冷的快速公交，也就是前几年地级市们趋之若鹜的 BRT 项目。现在看来，所谓 BRT 简直就是 BP 机。我一直想不明白，除造了几个体形庞大的候车亭，以及强行占用宝贵的道路资源外，它终究“快速”在哪里?

我要说的是，对于重大公共基础设施一定要适当放远一点。在科技、经济、社会日新月异的今天，如果没有一定的提前量、前瞻性，一不小心你削尖脑袋挖空心思抢到的就是一个 BP 机、小灵通项目。当下损失浪费一点事小，错过一个时代，性质就严重了!

“肉食者”脑子里都应绷紧一根弦：这是不是又一个 BP 机?

蝶变之旅

迪荡新城，浙北第一高楼天际中心一柱擎天，高耸入云。它被绍兴众多高楼迷亲切地称为“铅笔”“春笋”。其实，这是一座现代版的大善塔。担纲新城城市设计的美国SOM公司设计总裁菲力的灵感正来源于距此1公里开外的大善塔。震惊于古城魅力的菲力设计了288米的震撼高度，向大善塔和以其为象征的绍兴历史文化致敬。

如果说，大善塔是绍兴绚烂的历史文化的一个缩影，那么，天际中心则是绍兴面向未来、面向现代化的一座标杆。大善塔在灯影里安详，天际中心在云霄中飞扬，它们脉脉而视，遥相呼应，构成了绍兴古今辉映的封面图景。

8年间，沧海桑田。以天际中心为标志的迪荡新城一期核心区的建成，意味着千年古城犹如铁树开花，绽放出时代的光华。

绍兴市民以每天10万人次流量的超高人气、每年30亿元的消费井喷，持续地表达着对新城的惊喜和热爱。是的，在昨天、今天、明天之间纠结已久的古城，太需要这样一个现代、时尚的全新出口了。而新城更深刻的背书[1]是：古城有能力与时俱进、自我更新，在血脉相连、基因传承的基础上，创造“我们这一代”的文明。

蝶变固然美丽，但过程注定艰辛。

历史的选择

在绍兴，最纠结的职业莫过于城市规划设计师：如何保护好千年古城，同时又让古城适应现代文明，其难度无异于坐在跷跷板上将一碗水端平。其结果是，在绍兴环城河以内 8.3 平方公里的老城，你随处可以看到这种由两难选择带来的茫然。

批评城市建设是绍兴的民间评论家们一个经久不衰的话题，在各个网络论坛和茶座饭桌上，“假如当初绍兴如何如何，那么现在怎样怎样”的事后诸葛亮式的追悔和责备，每每能赢得喝彩。

与此同时，在全球化的背景下，古城已愈来愈盛不下年轻人对时代文明和时尚生活的向往——事实上，环城河以内区区 8.3 平方公里的老城区，无论其形态、格局和容量，都早已承载不了今日绍兴经济之重和生活之新。

新税制的施行，发展以三产服务业为主的城市经济，成为地方政府的迫切选择。而直到 21 世纪初，绍兴三产在 GDP 中的占比一直徘徊在三分之一左右。远远落后于沪杭，甚至在省内同类城市中也排名靠后。

腾笼换鸟——腾出古城厉行保护，另建新城谋求跨越，成为绍

---

① 背书：指为个人或企业提供信誉保障。

兴上下一致的诉求——让思想冲破牢笼，让古城突破禁锢，这是破解绍兴城市保护和发展两难命题的不二之选。

彼时，率先突出重围的袍江新区主要承担了绍兴市区工业产能的释放，而规划中的绍兴大城市的“绿心”——镜湖新区，受制于严厉的国家土地政策，一时动弹不得。真正意义上的绍兴新城一直只闻楼梯响，不见人下来。

机遇终于在 2004 年姗姗来迟。

其时，曾经辉煌一时的绍兴钢铁厂停产歇业，和老城区仅一河之隔的绍钢及其周边的近 6 平方公里可用熟地，顿时让决策者的眼睛为之一亮。

2005 年 3 月 1 日，绍兴市迪荡新城开发建设领导小组办公室正式挂牌。这片名为“迪荡”的土地注定要再一次怒放!

决策机器迅即高效运转起来，这座定位于“购物天堂、休闲天堂、工作天堂、宜居天堂”的“水上 CBD”，雄心直指纽约第五大道、东京银座和香港铜锣湾等世界一流商贸中心——在“化蛹为蝶，建设天堂”的新城规划宣传片上，商业中心、摩天大楼、特色水街扑面而来，恍如科幻大片。

迪荡新城的横空出世，犹如一石击浪，引发了广泛的期待和汹涌的非议：有人担忧这样的“水泥森林”损害绍兴传统风貌，有人断言此地将成为绍兴最大的烂尾楼，有人愤怒地指责这是“迪光荡光”……

新城人深知，行动是对非议最好的回答。规划设计、拆迁征地、招商开发……短短几个月，如林的塔吊开进了迪荡；短短几年，如林的高楼刷新了古城的天际线。

2010年5月1日，穿越了百年一遇全球金融危机的迪荡新城一期核心区建成投运。巨大的欢呼声终于慢慢淹没了窃窃私语。

历史选择了迪荡。

迪荡成就了绍兴的新城之梦。

坚持的力量

“事非经过不知难啊！”采访中，回眸迪荡从集脏乱差之最的“下只角”到城市时尚橱窗的华丽转身，时任绍兴高新区党工委书记、管委会主任赵定国几次慨叹。

他至今仍清晰地记得第一次踏看迪荡时的情形：两条高压线分割天空，一条铁路线横断地面，工厂、村落、货运站和居民区杂陈其间……这一切，很难和遐想中的美丽新城画上等号。

罗马不是一天建成的。从效果图到实景的距离，唯有以激情和实干一步步去丈量。舍此，别无他途。

“激情工作，追求完美”的新城精神在高新区唱响。新城人深知，只有对完美的坚持，才可能尽量少留遗憾。对于新城而言，任何一处败笔，都有可能万劫不复。

“必须如履薄冰，如临深渊。”新城人被反复告诫。

与此同时，激情作为一项单选题摆到了每一位新城人的面前：“新城是一幅激情万丈的作品，建设新城是一项激情澎湃的事业。没有激情者，或者激情消退者，请选择离开新城！”

一个有趣的细节是：在新城建设高潮期，高新区相关负责人几乎每晚都会去工地巡视督查，以至于各个工地看门的狗看到他都不叫了。新城人的激情由此可见一斑。

“像狗一样忠诚，像牛一样倔强。”正是“激情工作，追求完美”的新城精神，一以贯之地落实到从规划、招商到建设、城管的每一个环节，每一道细节，才保证了新城如此逼真地走下“科幻片”。

某种意义上说，新城的成功，是规划的成功，更是执行的成功——对照一下今天的新城和当初的规划沙盘，你基本上都能找到一一对应，甚至连建筑立面都吻合。

圈内人深知，面对巨大的利益博弈，将一个好规划一丝不苟地执行到底，需要怎样的定力和勇气。

回顾迪荡新城八年之旅，新城人最庆幸的是对商业中心招商及其运作的坚持。如果当初不是对面向实力城市运营商招商的坚持，那么新城极有可能在金融危机中“烂尾”；如果当初没有对商业中心整体经营模式的坚持，那么今天的世茂广场极有可能被“敲糖”式瓜分后沦为“地摊”。

对于外界对世茂集团低价摘牌拿地的质疑，绍兴高新区规划局相关负责人算了一笔账：世茂集团当时受让的土地包含了大型购物中心、2 个高级商务酒店和 7 个住宅地块，均价为每亩 210 多万元，这仅是毛地价。如果算上公建配套，净地价为 400 多万元，并不低于当初市区土地出让价格。更重要的是，世茂集团作为外地地产大鳄，其入驻极大地提振了各路资本对新城的信心。此后地价一路上扬，新城得以进入滚动开发的良性循环。

如今，迪荡有城初长成。看着新城在自己的手中一天天日长夜大，新城人欣喜之情溢于言表，他们管迪荡叫 Dear Town——亲城。

向文化要魂

迪荡，这片位于古城东北一隅的土地，注定不甘寂寞。

吴越春秋时期，这里是越国有名的美人宫。西施在此习步练舞，初试啼音，完成了从一个朴实村姑到妖娆媚娘的岗前培训，然后启程去苏州完成她的“倾国倾城”。

都泗门、大运河、米行街，则留下了古城明清时期的一地繁华。城市门户、交通咽喉和东南沿海最大的粮食交易市场，构成了盛极一时的迪荡“清明上河图”。

20 世纪 50 年代大建设时期，迪荡又搭上了当时最时尚的钢铁班车。举全省之力的绍兴钢铁厂在此兴建，并出炉了浙江第一炉钢。一时间，钢花灿烂，铁声铿锵，奏响了一个时代的强音。

到了 21 世纪初期，当钢铁的温度渐渐冷去，迪荡又一次“走在前列”，开启了古城面向未来、面向现代化的全新征程。

几度繁华，几度沧桑，给这片土地留下了太多的记忆，也给迪荡新城留下了丰富的文化资源。

“城市是文化的容器。新城和古城‘貌离神合’，身上都流淌着绍兴 2500 多年建城史的血。新城必须向文化要魂，文化应该为新城点睛。”绍兴高新区规划局负责人如是说。

循着这一思路，一批文化工程应运而生，如绍钢纪念公园、西施山遗址公园、环城河名人青铜雕塑群等，错落在林立的摩天大楼之间，成为一道别致的风景。

绍钢的退休工人们时常会在绍钢纪念公园流连。当看到“铭记钢铁之热烈、劳动之光荣”的碑文时，不禁潸然泪下：“多少人吃过绍钢的白糖棒冰，在绍钢大浴室洗过澡，在绍钢会堂看过电影？这是一代人的集体记忆啊！”

台湾著名诗人余光中感佩于西施山遗址公园的保护模式，兴奋地即兴口占小诗一首：“勾践不贱，西施诗也，文种有种，夫差差矣！”

接下来，完成一期核心区建设的新城将向迪荡纵深挺进，这将是一篇治水的华章，也将是一台文化的盛宴。

水是绍兴没有注册的事实商标，也是迪荡新城的精华所在。在寸土寸金的新城核心区，新城人硬是将梅龙河拓成了面积达200亩的梅龙湖。而正在悄然启动建设中的迪荡湖公园，水域面积更达到2000亩。这个被定位为城市“水广场”的“排涝之湖、景观之湖、文化之湖”，将集绍兴水文化之大成。它象征着人们对那个湮没已久的八百里古鉴湖的呼唤和缅怀，也可以说是古鉴湖在今天的托胎重生。

“不比高不比大，比精致比文化。”令新城人欣慰的是，迪荡新城以其精致之形、生态之美、文化之心以及产城融合、和老城区无缝对接等特色，自信地自立于国内众多CBD之林。

入夜，迪荡新城流光溢彩，游人如织，绍兴市人大常委会原副主任陈忠瑶也徜徉其间。这位目睹迪荡八年蝶变之旅的“本土经济学家”抚今追昔，赋诗感怀，应该也道出了大多数绍兴市民的心声——

念奴娇·迪荡新城

玉宇琼楼，雏燕眩幕墙，绕榭穿廊。

百树千卉汇迪荡，多少蜂蝶癫狂。

满目璀璨，到处琳琅，古城着新装。
世贸广场，车流人潮匆忙。
皇冠刺破苍穹，飞檐漫步，登顶采星光。
高楼不碍凌云志，试射银汉天狼。
落日流金，华灯初上，明天更辉煌。
霓裳轻拂，宛若人间天堂。

“战旗”为什么这样红

——写在抗战胜利75周年《绍兴日报》纪念特刊《战旗》

1937年12月，杭州沦陷，和杭州一江之隔的绍兴顿时成了抗战前哨和战略突出部，这也是当时周恩来等国共党政要员频频光临绍兴的原因。

从地图上看，绍兴不过是东海之滨、钱塘江南岸一个不起眼的小圆点，但纵观历史，众多的历史事件和历史人物的命运轨迹都在这个小圆点神奇地汇合，成就了中华民族的一个人文坐标，“士比鲫鱼多”，无数文人墨客在此留下了灿烂的诗词歌赋、丹青戏曲，可以说是中华民族的文脉所在。

与此同时，越地得工商业发展之先，丝绸、黄酒等近现代产业也十分勃兴，经济上属于富庶之地。

从地理上说，过了绍兴，再无钱塘江这样的天堑。

所以，无论从哪方面来说，绍兴都是必保之地。中国军队迅即在钱塘江南岸展开了防线，一时间，“保卫大绍兴”的歌声响彻古越上空。

地方上也被最广泛地动员起来。这片陆游、秋瑾、姚长子讴歌和战斗过的土地，岂甘日寇铁蹄践踏？看惯了两千多年风云变幻的绍兴人民一手拿起了枪，一手操起了最顺手的笔，抗战小报、漫画、活报剧如雨后春笋生长出来，《战旗》杂志就是其中的杰出代表。

事实上，在抗战初期，笔的力量甚至重于枪，普罗大众的民族意识尚未觉醒，“唤醒民众”成为当务之急。

“战旗”一立，应者云集。工农商学兵踊跃撰稿，其中也不乏上层人士。

编辑部还放眼全国，广邀沈钧儒、邹韬奋等名家大咖惠赐重磅力作，一时间，“战旗”声名远播，享誉浙江，影响全国。

“战旗”为什么这样红？一是其根植于民众，关注民生，当时绍兴饥荒严重，《战旗》奔走呼号，功效甚巨，有着广泛的群众性；二是其广阔的包容性，结成了一条广泛的统一战线；三是其强烈的开放性，其视角放诸全球，其触角遍及全国，为全民抗战贡献了一份绍兴“文化力量”。

作为一所“没有围墙的抗大”，“战旗”更是影响了一代绍地青年，并直接指导培养了一批绍地青年干部。

“战旗”倏忽两载而已，但其声之宏，其声之远，至今绕梁不绝。它又一次印证了那句千古名言：吴越乃报仇雪耻之乡，非藏污纳垢之地！

我的新闻情缘

站在这个时间节点，回望来路，盘点初心，不免有些激动感慨。都说岁月不饶人，可我们又何曾饶过岁月！都说岁月无痕，但我们报人的时间是有形状的，那就是报纸合订本的样子。

前几年陆陆续续有同事跟我商量辞职跳槽的事，我跟他们说：也许你新岗位的薪资待遇比报社高，但可能你永远找不到报社这种“眼观六路，耳听八方”站在宇宙中心的感觉了。

我一直以“三有新闻动物”自居。哪“三有”呢？就是有点新闻兴趣，有点悲天悯人的新闻情怀，有点推动社会进步的新闻理想。之所以说是“动物”，是因为想强调其原始的本能。我大概是有点新闻情结或者说新闻本能的。用家人的话说，“越是八竿子打不着”的事越是“上赶着瞎起劲”。我打记事起就每天听“新闻和报纸摘要”，高一暑假用压岁钱订了我人生的第一份报纸：《北京日报》（大失所望，真不好看）。高二时也即1980年，我愤怒地致信美国驻华大使馆，抗议美国出尔反尔，中美三个联合公报墨迹未干就大肆对台军售，是可忍，孰不可忍！落款是一名中国中学生。呵呵。

毕业后分配到绍兴，看到当时的市委书记汪曦光在《绍兴日报》上发表《让古城焕发青春》的署名文章，立即致信《绍兴日报》与汪书记“商榷”。当时我是市农业局的一个小小办事员。书生意气夫复何加，新闻情结也由此可见一斑。

作为一个与生俱来的“新闻动物”，至今我还很好地保持着每天看央视《新闻联播》《绍兴新闻联播》和“越牛”（“绍兴新闻”客户端）的习惯。相信以后也会一如既往地关注中心的各个内容平台，关注中心的成长发展。今生今世，新闻是我的生命，中心就是我的家。

站在这个时间节点，满满的都是回忆。我是1993年进入绍兴日报社的。当时我得知绍兴日报社招人便前去报考。可等到考试的前一天，忽然接到电话，说我不用去考了（吓我一跳），来电接着说，经报社党委研究决定，由报社负责调人。不谦虚地说，那时我除了小说、散文、诗歌等文学作品，消息、通讯、言论也多有见诸报端，可以说“小有文名”。报社看了我的材料，决定调动。可我当时所在的市农业局不同意。好说歹说，局长说，你人走可以，但房子得留下。那时局里刚分给我一套38平方米的公房。而当时绍兴日报社明确跟我们说报社无房，还签了一份5年内不得要房的协议。房子在任何时代都是一笔不小的财富，但出于“新闻动物”的本能，我还是义无反顾地投奔了报社。

这一干就是28年。

28年来，除了去《文汇报》浙江记者站转了3年，一直都在绍兴市新闻传媒中心及其前身，日报、晚报、商报都干过，还干过几年经营。也许是运气比较好，每年都完成了任务。

职业和单位给了我不少荣誉。1994 年首获浙江省好新闻一等奖（当年这个奖可是绍兴日报社缺席了 7 年之后再夺浙江省好新闻一等奖），也是我进报社第二年获的奖。1995 年荣获“绍兴市十佳新闻工作者”称号，1996 年报社为我举行了报社历史上首个个人新闻作品研讨会，与会专家认为我撰写的新闻具有“切口小、标题巧、语言活、文学性强”的特点。用一位老报人的话说，吴钊谦总是不按套路出牌，写的东西乍一看三不像，再一看新闻要素都不缺，细细看，嗒嗒还有点后味……我也不是刻意憋着劲儿想创新，我只是不知道套路而已——我大学学的是拖拉机。

在我的职业生涯中，有几个镜头常常闪回。

一、记不清是 1994 年还是 1995 年的一天下午，报社楼下人声鼎沸，下楼一看，原来是一个开桑塔纳的撞了一个骑自行车的。开桑塔纳的蛮横，撞了人还作势要打人。围观的群众里三层外三层。回报社后我奋笔疾书（疾书的样子如在眼前），写了一篇不到 400 字的评论。说是评论，其实就是直接骂街，说某些人刚刚有了几个臭钱就不知道自己姓什么了，走路只会横着走了云云，核心意思是“财可以大，气不能粗”。这篇现在看起来没有多少“技术含量”的“泼妇骂街”，收获了 10 多封读者来信（其中一封是市委办的），当时同一个办公室的李敬佑老师看了文章不相信似的问了我好几次：“这是你写的？”当时的杨银千总编大会小会表扬了好几次。这件事一直激励我，当记者就必须正气、正义、正能量，为老百姓说话！

二、20 世纪 90 年代的一个夏日傍晚，我路过府山直街。正是晚饭时间，一眼望去，家家户户在家门口都是一张饭桌一张晚报，当时发行部统计，老市区户均晚报占有率百分之百，职业的荣誉感油然而生！确实，这个世界上很少有像记者、编辑这样的劳动成果可以让那么多人直接看到并直接影响到那么多人的职业。

三、21世纪初的某一天，晚报编辑部收到一封读者来信，说他走过那么多城市，从来没看到过像《绍兴晚报》这样版式如此清秀精美、内容如此扎实耐看的报纸。落款是一名来绍游客。那段时间晚报正在改版中，晚报同人包括我确实比平时多付出了一些心血。这个故事告诉我们，记者、编辑的用心一定是会被看到的。

站在这个时间节点，满满的都是回忆，满满的都是牛皮（不好意思），满满的都是温暖。更温暖的还有今天，在行将结束职业生涯之际，中心还授予我“新闻之星”的荣誉。真是感动、感谢、感恩！（鞠躬）（在“新闻之星”颁奖会上的发言）

肆

书生情怀

每个人的心里都住着一尊大佛

——写在绍兴新昌商会成立之际

初冬时节　天清气朗
冬日暖阳　分外明亮
今天　我们少长咸集济济一堂
举杯庆联谊　低头思故乡

我们来自四面八方
但有一个共同的出发点——新昌
我们来自各行各业
但有一个共同的称呼——老乡

曾饮沃洲水　同披天姥裳
十里潜溪抓过鱼
千丈幽谷捉迷藏
番薯六谷把我养大
小京生给了我多少快乐的童年时光
至今，彩烟之上埋着我的祖先

澄潭江两岸住着我苍老的爹娘
啊，新昌，新昌
不管走多远　都走不出你的目光
无论离多久　你都是我最美的梦乡

也许我们素不相识
人海茫茫　各自闯荡
可只要偶相逢
就能从相同的口音中
发现共振的频率
只要稍相处
就能从相似的脾性里
找到重叠的磁场
只因为　我们都是“新昌侬”
每个人的心里都住着一尊大佛
每个人的身上都流淌着新昌江

身在异乡　更能体会故乡的温度
身在异乡　更能掂出老乡的重量
让我们走到一起来
在异乡营造一个小小的故乡
抱团取暖　奋发向上
让故乡为我们骄傲
让我们为故乡添彩争光

农业的姿势

向晚的田野
农人在勤勉地劳作
他们像镰一样弓着身子
像成熟的水稻垂下头颅
他们简洁的姿势
和远处俯向大地的苍穹
遥相呼应
构成秋天和谐的背景
劳动　为粮食而折腰
这是田野上朴素的真理
面对伟大的土地
再狂妄的人也会弯下身躯
一声不吭地捡起锄头
怀着儿子卑谦和敬畏的心情
而当土地长出幼小的庄稼

你又忽然会变成伟大的母亲
一次次俯下亲爱的身影
只有更近地贴向土地
才能听见她温暖威严的声音
并用汗水，你唯一的语言
与泥土、昆虫、庄稼交谈

土地之子

用锋利的犁铧表达泥土
像蚯蚓一样理解泥土
朴实的锄头谆谆诱导
深入浅出地证明泥土
你跟泥土打了一辈子交道
但当沉默的土地长出活泼的庄稼
仍然掩饰不住巨大的惊喜
土地，一个多么神奇的东西
在她面前，你永远是长不大的童年
你伸出粗糙的大手
小心地围住幼苗，这土地的火焰
用全身精力呵护她长大
并通过她
完成自己

从种植到收获
你经历了所有的喜怒哀乐
每一朵花开，都注释你的微笑
每一粒结果，都证实你的心愿
庄稼的一生就是你的一生

土地之子总是这样
亦谦卑亦骄傲
亦沧桑亦童真

歌唱玉米

在玉米面前
我常常只能选择沉默
这是对难以置信的美的震惊
她的一枝一叶似乎都经过精心设计
她的一举一动却都这么漫不经心
我种了一辈子玉米
闭着眼都能说出她的模样
然而一睁眼
她的每一个细节
都在我的意料之外

在玉米中间
我如鱼得水
我不由自主地拜倒在阔大的叶子下
为她仔细地拔去每一棵杂草

除去每一条害虫
所有的一切
只为那吐缨喷笑的灿烂一瞬

秋天
我虔诚地接过她沉甸甸的情书
剥开层层苞衣犹如翻开扉页
这时候，我有权说
只有我　才读得懂她的
每一粒
金玉之言

转眼又是八月半

平地里钱江涨秋潮
转眼又是八月半
书信催，电话喊
小山村频频在呼唤
山一程，水一程
山长水迢往老家赶
爹娘几回回村口转
嘴上只说是抗秋旱

正月离家八月回
双亲白发风中飞
面上扮笑脸，心下一阵酸
转身抹去两行泪蛋蛋

故乡还是旧模样

老屋还是那么暗
提起筷子端不起个碗
父子相对却无言
老娘说，
你们兄弟已出山
我们两个老不死的盘算着要上山
趁着天气好，不如把寿坟建

老娘说，娘没事
你俩烟雾太浓熏着了我的眼

邻家小妹唱了一遍又一遍
你看你看月亮的脸
你看你看月亮的脸……

水乡印象

晶亮亮小河一根线
千百户人家一线牵
黛瓦接，粉墙连
桃红柳绿相掩映

橹声喂喂过窗前
浪花舔上石门槛
主妇急相唤，艄公稳住船
岸上岸下问价钿

老菱嫩藕活白鲢
河鲜湖鲜装满篮
家家勺声响　户户飘炊烟
男男女女举杯盏

墙上风光最可看
糟鸡腊鸭青鱼干
左檐悬裙衫　右廊晾被单
风吹两岸遮住了天

一座座拱桥跨两边
单车摩托推过岸
还是这悠悠的乌篷船
大街小巷都走遍
千万条小巷千万根线
千丝万缕缠成团
剪不断　理还乱
迤迤逦逦到天边
晶亮亮小河一根线

水乡社戏

锣鼓阵阵把人催
鉴湖上搭起大戏台

落霞人影一齐飞
四邻八乡围拢来

金带银钗满台辉
一开口还是这水乡味

越剧绍剧莲花落
多少欢笑多少泪

台上妹妹叫哥哥
台下哥哥唤妹妹

细浪轻诉风轻吹
宿鸟不眠鱼不睡

一湖灯光一湖醉
一夜弦歌到天白

夫妻船

八百里鉴湖曲曲弯弯
数不清的小河乍断还连
快艇追，轻舟赶
听取橹声一片

最是那亲爱的夫妻船
水面上织起美妙的图案
妻在后，夫在前
四桨翻飞快如燕

面面相对却无言
不是无语，只是不得闲
且把桨儿问水面
水面只道一个字：赶

热了，抹一把额头的汗
乏了，夫递茶水妻递烟
两个人的力气分明添了一倍
两个人的路程分明短了一半

早出载一船沉甸甸的河鲜
晚归装一袋鼓囊囊的钱
都说风雨兼程辛苦
岂知吃得苦中苦方有甜上甜

一辈子都在这水上往返
心里头却解不开个愁难
这一握盈盈的水哟
怎负得起一家沉沉的担

且罢，且罢
桨一点，船儿又蹿出一箭

乡　忆

乌篷小划船，白玉长堤路
青苔石拱桥，百桥连千户
阵阵欢声阵阵鼓
那边厢，灯火阑珊处
水上社戏正开幕
如火如荼如泣诉

水袖一挥千年过
回眸一笑倾城国
台上哥哥叫妹妹
台下妹妹唤哥哥
水中鱼儿兀不眠
悲欢离合看不够

才下眉头一幅幅

又上心头一幕幕
幅幅不召即来
幕幕挥之不去

故乡啊故乡
远离不模糊，历久弥清楚
故乡啊故乡
无论我走到哪里，都走不出你的注目
无论离开你多久，你都是我生命中最柔软的位置

佛说，故乡是众生的最初和归宿
佛说，众生都是背负着故乡流浪和修度

稽山古榧之歌

会稽山麓，白云深处
古木参天，绿荫如幕
累累佳果压弯了树枝
好一幅千年不衰历久弥新的会稽山珍图

会稽山麓，白云深处
栉风沐雨，千年一树
赵家稽东谷来，古榧根连根
隋榧唐榧宋榧，榧叶手相握
好一幅超然物外遗世独立的农业遗产图

啊，稽山古榧
时间的朋友，岁月的礼物
啊，稽山古榧
会稽活化石，古越吉祥物

秋野写生

给乡野勾上山路，任其曲曲弯弯
给山崖勾上山涧，任其汤汤潺潺
给芦苇点上蝴蝶，任其时飞时歇
给山谷点上鸟鸣，任其叽叽喳喳

给山野抹上莫名的雾霭，
给山岚添上暧昧的香甜
这就是传说中秋的味道吗
亲切中透着浪漫

给梯田泼上整桶阳光
任金色的瀑布无声流淌
千年梯田竟成了景点
多少城里人在此流连忘返

在山腰，我干脆打翻了调色盘
就这么不分青红皂白
劈头盖脸倒下去
任其绚烂成灾
任其色浪滔天

在房前点上板栗
任其咧嘴偷着乐
在屋后点上柿子
任其红脸不胜羞
这是谁家，此为何地
曰：云深不知处，秋意最烂漫

我用水墨收笔
给长天点上几行归雁
给林间添上一缕炊烟
那是远山的呼唤
秋的曲线

最后我要画上农舍的主人
他正和稻穗和果枝一起
沉甸甸地弯下腰去
以劳动的姿势感谢土地
以谦卑的身影致敬秋天

春之声

小雨如酥
大雨如注
雨水时节雨绵绵
一帘春雨，一帘春的序曲

撩起雨丝
满台笙歌乐舞
燕子呢喃，蛙声如鼓
鸡雏啁啁啾啾试啼声？
不，那是春在调音定谱

春风披着燕尾服
挥舞着看不见的魔杵
左一指，春风杨柳万千条
右一挥，梨花花放千万树

一记大钹，一声惊蛰
惊醒多少虫草八足
一阵急弦，一通密鼓
交响漫山绚烂缤纷的欢呼

一不留神
春天开启了加速度

君不见前川汤汤挂瀑布
小溪潺潺自嘀咕
春水最是多情物
嘈嘈切切，大珠小珠
淌到哪儿都是一地晶莹莹的音符

君不见，草籽花开满天星
油菜花黄层层金
君不见，迎春杜鹃如火如荼
红梅粉樱像云像霞又像雾

秧田里，一泓泓春水枉凝眸
茶山上，一排排斗笠凭起伏
岭上丽鸟初啼声声催
布谷——布谷
山脚老牛引吭长作答——

哞哞——苦苦

芒种农家无闲人
村村空巷，家家闭户
都向田里山间去
用开年第一次赤脚
体会田埂和春天的温度
用开年头一茬汗水
和秧苗茶芽谈吐
农人的春游来不得半点马虎
必须像蚯蚓一样理解泥土
像铁耙犁铧一样深入浅出
才能写出春节的福

牧童径自走入杏花深处
那里有他长眠的祖父
又是一年清明时
裱几张黄纸，培一抔黄土
几多思绪
任凭风吹雨打去

哭吧，中国

——写在汶川地震全国哀悼日

公元 2008 年 5 月 12 日 14 时 28 分
一个寻常的下午
大地猝不及防的一个趔趄
在中国西南部
撕开了一个深深的伤口

呼天抢地的母亲
老泪纵横的祖父
天地失色，山河动容
孩子的啼哭揪人心肺

总书记噙着泪花脸色凝重
温总理几度哽咽几度失声
最坚强的军人也禁不住潸然泪下
汶川 8 级强震

引发了中国最大范围最大强度的
降泪

哭吧，中国!
让滂沱的恸哭释放手足之痛
让悲伤的哽咽见证血浓于水
让闪闪的泪光照亮逝者天堂的路
让绵绵的泪水洗礼生者良善的心

三分钟，中国停摆
三天，举国志哀

哭吧，尽情地哭吧，中国
在此国殇时刻
我们驻足，为苍生祈祷
我们低头，为死难默哀
我们鸣笛，向生命致敬
我们降旗，为了升起人道人伦人性的光辉

泪珠挂在中国的脸庞
坚强刻在中国的心里

悲伤逆流成河
中国逆流而上

这一刻

这一刻
国旗低垂，车船鸣笛
这一刻
举国默哀，山河同悲

这一刻
我想起了武汉那个追着灵车喊妈妈的人
我想起了那个在阳台上敲盆救母的女子
想起了那个因父亲被隔离而死在家中的脑瘫孩子
想起了那句“父亲昨天刚去世，你可以打电话去
　问问床位”的留言……
多灾多难的中华民族啊
多少次面临危机
却每次总是摇摇晃晃站了起来
磕磕绊绊五千年

一路走到了今天

哪有什么天佑中华
无非骨子里生就悲天悯人的情怀
哪有什么天降英雄
无非是关键时刻
总有家国情怀从无数凡人胸中
喷薄而出

历经狂风骤雨
大海依然在那儿
历经沧桑困苦
中国依然在这儿!

这一刻，悲伤逆流成河
这一刻
中国逆流而上

先生永生

——写在纪念鲁迅一百四十周年诞辰之际

先生果有 140 岁了?
哦，不不
在故乡眼里
先生是不老的
永远是那么一副不买账的神情
横眉冷对千夫指
忧忡为国痛断肠
照例是两撇坚强的胡子
照例是一片氤氲入诗囊
于景区照壁、街角公园、学校操场
或坐或立
深情地凝望着故乡

故乡须臾没有忘记先生
百草园高大的皂荚树

依稀记得你的年少模样
紫红的桑椹惦记着你的嘴唇
而轻捷的叫天子
每天唤着你的乳名
三味书屋原封不动

那张刻着“早”字的课桌
仿佛随时等待着你的落座……

最想见你的可能是孔乙已
像雕塑一样一动不动
守在咸亨酒店门口
等你前来沽酒时
顺手帮他擦掉小黑板上
一百年前的赊账
擦掉
一百年的潦倒和屈辱

阿 Q 也阔了
他现在是网红
每天在鲁镇上班
主要工作是跟年轻的吴妈们合影
天天“精神胜利”
天天小有进账

小日子过得不要太滋润

闰土、华老栓、祥林嫂
全都过上了“应该有的新生活、
我们未经历过的新生活”

地上本没有路
走的人多了，也便成了路
在那个风雨如磐的暗夜
在那个“城头变幻大王旗”的时代
先生从短暂的《彷徨》
到直面惨淡的人生
从正视淋漓的鲜血
到怒向刀丛觅小诗
发出了一声声
振聋发聩的《呐喊》
以“我以我血荐轩辕”的气概
以“俯首甘为孺子牛”的情怀
以“不退让、不屈服、不妥协”的“硬骨头精神”
历经多少个飞蛾扑火的《秋夜》
终于蹚开没膝的《野草》
前赴后继走出了一条路
成就了一个《好的故事》

"有的人活着，他已经死了
有的人死了，他还活着
……
有的人俯下身子给人民当牛马
……
群众把他抬举得很高，很高"①

有的人情愿当野草，等着火烧
春风吹过，到处是青青的野草……

先生是中国之先生
民族之先生
是巍巍不屈的"中国脊梁"
生生不息的"民族魂"！

百草园的叫天子
声声唤着先生的乳名
迅哥儿，迅哥儿……

鲁迅不朽
先生永生！

① 引自臧克家的诗《有的人》

本　来

——写在秋瑾百年祭

本来，你是千金小姐
官宦世家，书香门第
一生锦衣玉食
至多，为赋新词强说愁

本来，你是大家闺秀
知书达理，熟读诗赋
自幼便负才女名
或许，一不小心就是一个李清照

本来，你是富家太太
豪门大宅，夫荣妻贵
相夫教子是你的全部功课
一生安享天伦，安度天年

本来，你是成功海归
负笈东瀛，学有初成
几章《看护学教程》初稿
让人依稀看到了中国的南丁格尔

本来，你是开国元勋
当浙皖起义失败的消息传来
你却坐室独泣，决意赴死
我以我血荐轩辕
……
本来，人生有太多的本来
但你却选择了颠覆
从福全山到轩亭口
你走了短短的三十二年
当你“不惜千金买宝刀，貂裘换酒也堪豪”
当你“休言女子非英物，夜夜龙泉壁上鸣”
当你“拼将十万头颅血，须把乾坤力挽回”[①]
每一步都在逃离轨迹
每一步都在改写命运
每一步都撼动了五千年
每一步都惊醒着四万万
你令贫血的女界

① 引自秋瑾诗句

扬眉吐气，英姿勃发
缺钙的巨龙
因你而张开睡眼，烈烈枭鸣

倒下去，一个腐朽的帝国
站起来，中国的自由女神

本来
历史就没有本来

致敬，新时代的白衣天使

是谁，点亮了第一声啼哭
是谁，护送走最后一缕呼吸
在人生的长河中
是谁，嘘寒问暖守望着每一下心跳
是谁，无微不至关爱着每一次脉动
带着感情进诊所，想着农民开药方
因为你本来就是农民的儿子、大山的女儿

是病床前的春风化雨
是体检站的未雨绸缪
是聚光灯下的目不转睛
是急救室里的分秒必争
啊，是你，是你
新时代的白衣天使

或许，你是一名乡村医生
风雨无阻出诊，二十四小时出诊
大山有情，青春无悔
你的生命早已融入了这片土地

或许，你是一名护士
再苦再累，你总是微笑着，微笑着
用微笑消解疾患
用微笑抚慰伤痛
这不是蒙娜丽莎的微笑
而是南丁格尔的光辉

或许，你是一名 ICU 医生
每天如履薄冰，如临深渊
因为你深深知道
你是在和死神赛跑
每一次和死神擦肩而过
就是你赢得的又一块金牌
沧海横流方显英雄本色
作为一名防疫战士
你是冲在疫区最前面的尖兵
非典、甲流、新冠
一次次化险为夷转危为安
你无愧为和平年代最可爱的人

这就是新时代的白衣天使
从乡村诊所到社区医院
从抗击非典到抗震救灾
哪里有病魔的侵扰，哪里就有你坚强的阻击
哪里有生命的呼唤，哪里就有你响亮的回答
你令健者弥健，强健安康
给患者希望，自信自强
让逝者从容，尊严安详
在生命的乐章中
你化身一个个爱的音符
谱写大医精诚，大爱无疆

你是天使，却食人间烟火
面对社会转型期的林林总总
你时感委屈，也偶有牢骚
可每看到身上的一袭白衣
就明白此生别无选择
因为选择了白衣
就意味着选择了圣洁和高尚
选择了白衣
就意味着选择了责任和奉献
还有什么比健康相许　性命相托
更宝贵　更崇高　更神圣

为着你的选择和别无选择
请让我们以爱的名义深深地鞠躬……
致敬，新时代的白衣天使
致敬，健康天使，生命天使，爱心天使

大爱无疆

——写在绍兴市人民医院七十华诞

金秋时节　硕果满园
古越大地　处处欢颜
今夜群贤毕至　华灯灿烂
今夜把酒当歌　人生豪迈

在这样美好的日子里
我们迎来了绍兴市人民医院七十华诞

七十载岁月何其短暂
七十年征途何其漫漫

七十年风雨洗礼着曾经的筚路蓝缕
七十年沧桑见证了一路的砥砺向前

七十年生生不息薪火相传

我们无愧于先辈们的期盼
七十年孜孜以求咬定青山
我们无愧于人民和时代的呼唤

七十年前，在永嘉墨池坊，我呱呱坠地
那时，中华民族正饱受磨难
战火纷飞　鼠疫蔓延
在苦难的天空下
我悬壶济世　勉力擎起生命的风帆

苦难是启蒙良师
让我顿悟医生的真谛——
有时去治愈，常常在安慰，总是在帮助
苦难是最好的教科书
让我领悟南丁格尔的精髓　希波克拉底的誓言

正是我生于忧患
我才更加懂得仁者无敌
正是我直面苦难
我才更加相信悲悯的力量

从此，仁爱爱人成为我的生命基因
成为我终生不渝的价值观

新中国赋予我第二次生命
改革开放给了我第二个春天
我一路高歌猛进一路快马加鞭
作为唯一一艘三级甲等综合性主力舰
我忠诚地守望着绍兴的生命港湾

回眸七十年
发展是我一以贯之的主线
从永嘉到绍兴
从陋室到广厦
从东街到中兴大道
我天天向上　夜夜拔节

回眸七十年
我的脚步从来没有停止追赶
从不拘一格招士纳贤
到不惜重金配套高精尖
从和浙江大学和台义医院缔结金兰
到和欧美同行合作并肩
从全面启动公立医院改革试点
到一年一度的学术盛宴
我们一直瞄着医疗最前沿
一直走在全市、全省最前列

人文是助我腾飞的隐形翅膀
一切以病人为中心
是我的行动纲领、操作指南
大到每一道环节　小到每一个细节
我都会躬身自问——
这样是否对病人更科学　更合理　更有效？
如何才能让病人更康健　更节约　更方便？

于是，就有了医疗服务流程再造
于是，就有了门诊集中取消挂号的探索试验
于是就有了住院结账到床边
于是就有了靓丽的志工风景线

哦，不，不
这不仅仅是简单的改革
这是爱的奉献
是人文精神升华的必然

看似偶然，实则必然
在抗击非典夜以继日的非常日子里
在援非、援川、援疆的难忘岁月中
在一名主治医师毅然为肿瘤病人人工吸痰的行动上
在一名普通护士几十年零差错、零投诉的纪录里
也许，你会找到这个全国卫生系统先进集体背后的

全部答案

厚医为慈　健康为本
人道在心　责任在肩
爱是我的信仰
爱是我的名片
沿着前辈爱的足迹
我高扬“和谐、规范、创新、学术”的风帆
事业越做越大　道路越走越宽

路漫漫其修远兮
白驹过隙兮光阴短

七十年
是里程碑更是新起点

站在历史新起点　我们整装待发
向着八十年，一百年
向着更高、更强、更远

延安东路558号

——写在绍兴日报社2008“再美今宵”春节晚会

延安东路558号
这是一幢普通的大楼，普通得毫不起眼
这是一幢特别的大楼，特别在不知疲倦
“绍兴日报社”五个大字
金光闪闪，苍劲雄健

子夜，城市渐渐入睡，梦语呢喃
可这儿依旧人头攒动，灯火璀璨
夜编拉出了清样
老总郑重地盖上了印鉴
第一读者不放心地瞄了最后一眼……
在夜的深处，在梦的边缘
大楼醒着
报纸醒着

新闻醒着！
我们是记者
我们是报人
我们守望着时代的船舷

东方刚露鱼肚白
我们又搓开了惺忪的睡眼
整报、装车、启程
“小红帽”走向街巷田野
为人们送去一份份
飘着墨香的新闻早餐

我们从四面八方走来
带着希望，带着梦想
带着执着的誓言
坚持正确导向，传播科学理念
新闻祸福如天，责任重于泰山
三报一网一刊
是我们描绘古越大地的壮丽诗篇
是我们献给时代和人民的神圣答卷
啊，延安东路558号，绍兴日报社
你是我们成才的摇篮、心灵的港湾
是我们和衷共济、创业创新的生命之船！

我们在这里沉思
从《浙烽观察》《家治角度》《慧眼看商情》
我们登庙堂之高，行江湖之远

我们从这里出发
从《乡村穿行》《温暖团购》《朝盈看天》
我们听民间疾苦
问人间冷暖

我们在这里苦心经营
从广告体制改革、发行体制改革到财务体制改革
我们革陈年积弊
开风气之先

我们在这里运筹帷幄
从举办报业高峰论坛
到创立高端品牌联盟
到缔结战略合作伙伴
发行上天入地直逼三十万
广告攻坚克难再破亿元关！

曾记否
红色足迹万里追寻，重温经典
曾记否

“三农”服务千村穿行，温暖乡间
曾记否
“奥运营销百日会战”，捷报频传
曾记否
广告策划花开四季，好戏连连

最难忘
千岛湖畔，拓展训练
我们回到了如花的童年
求生墙、建绳房、空中抓杆
勇敢只要一点点
请听听总结会上大伙儿的发言——
“我发现了另一个自己”
“从此不再轻易说难”
“原来我也可以这么棒”
“团队的力量让我震撼！”
让我们重温那一声声疯狂的呐喊——
好！很好！非常好！

是什么让我们如此忘我
是什么让我们如此勇敢
是什么让我们激情澎湃长盛不衰
是什么让我们义无反顾披肝沥胆
是因为眼望星空而心存敬畏

是因为志存高远而心怀忧患！

逝者如斯
猪年已经过去，鼠年即将来临
但请你铭记 2007
记住改革创新的 2007
记住拼搏丰收的 2007
记住机遇和挑战并存的 2007

斗转星移
新大楼动工在即，老大楼终将搬迁
但请你铭记延安东路 558 号
记住我们生生不息的光荣梦想
记住我们永不褪色的理想信念
记住我们朝夕相处、奋发进取的岁岁年年

记住你的战友
记住你的同人
记住你生命中不解的缘！

今夜星光灿烂
今夜你我无眠
难忘今宵
祝福明天，祝福明天！

向上的台阶

——写在《绍兴日报》出版10000期

穿梭在档案室
一排排《绍兴日报》合订本
庄严肃穆，如林如阵。
25 年，一万个日子
就这样被排版、印刷、装订
码成向上的台阶
这是我们的青春日历啊
一代人的青春祭！

翻阅一个个发黄的版面
逝者如斯，往事如昨
昨日仿佛伸手可及
我分明触摸到了
时间的体温、历史的心跳

1984年，那是一个春天
改革开放潮起，撤地设市甫定
我们小心翼翼地捧出了第一份答卷
从此，与时代共呼吸，与古城同命运
《绍兴日报》薪火传承，生生不息
从此，黑白颠倒是我们的作息表，
　栉风沐雨是我们的基础课
忠诚执着，激情清醒，嫉恶如仇，
　贯穿着我们的始终和全部

殚精竭虑，日复一日
青灯黄卷，年复一年
我们以不知疲倦的脚步丈量，为一个城市的变迁写志
以不惜分贝的心声呐喊，为一个时代的前行作证
我们在奔走中成长，在呼号中成熟
把最好的青春年华融入了铅与火、光与电
融入了涓涓细流、汹汹波浪、滚滚大潮

党性原则，责任重如泰山
百姓情怀，冷暖常在心间
从古城保护到新城突围
从重点工程到民生细节
从解放思想大讨论到转型升级大提速
我们——无愧于时代！

为时代留脚印，战战兢兢
为历史打草稿，如履薄冰
从《今日小议》激浊扬清
到《乡村穿行》叩问大地
从《新周刊》解读人文
到《小梅访院士》传递真谛
我们——无悔于青春！

当同人的胸前挂上全国五一劳动奖章
当我们摘得“十佳新闻工作集体”称号
当“中国地市报十强”“影响中国的十大地市报”的
  殊荣纷至沓来
我们更多的是感动感恩，
——对这片神奇热土的铭记和责任

25 年，弹指一挥间，
我们完成了我们的青春祭
《绍兴日报》，则完成了庄严的成人礼

又一册合订本送入了档案室
码成向上的台阶
一直向上，向上……

青春作证

——新昌澄潭中学78（1）班、78（2）班同学会邀请函

四十载春华秋实，四十载星移斗转
一眨眼，毕业已然四十年
从风华正茂的翩翩少年
到两鬓染霜的不惑之年
时间都去哪儿了
逝者如斯，千古一叹

曾记否，挑着大米干菜跋山涉水把路赶
曾记否，埋首书海面红耳赤把难题辩
最难忘，大通铺高低床上彻夜
卧谈
最难忘，西花园水库追逐嬉闹终日流连……

感谢你，在最好的年华遇见你
感谢你，最美的年华我们在一起

感谢你，挑战时刻，我们青春作伴
感谢你，拼搏岁月，我们携手并肩

世事倥偬，也许我们疏于联系
岁月沧桑，也有如意和不如意
但那又怎么样呢
在某个寂寥雨夜
某个清闲的午后
总会翻出那些发黄的旧照片
呆呆地一看就是半天
这是我们的青春祭啊
承载着多少少年的初心、梦想和情感
青春已逝，童心未泯
壮心不已，夕阳无限
来吧来吧，亲爱的同学
十一月十四日、十五日
让我们相约千岛湖畔
回到当年
回到我们的班
举杯畅饮，不醉不还！

洗衣裳

我又可以去西塘洗衣裳
照例又偶然地碰到你
碰到你那撩人的目光
我总是不愿搅动那泓碧水
怕揉碎了水中美丽的月亮
你总是一把夺过我的衣裳
两朵红云遮不住你的脸庞

今天我要讲一个美丽的故事
说的就是那个美丽的月亮
有个书生想做一颗傍月的星星
夜夜沐浴她美丽的光芒

我的心儿跳得正慌
不知你会不会大骂我一场

可时间到了不容我细想
我要去西塘洗衣裳

爱情战争

自你走进我的准星
我知道
你再也走不出我的射程

我的心已经推上膛了
它瞄准着
你的心

我们都将美丽地倒下
倒成一道
爱的风景

现在说再见会不会太早

妹妹，昨晚我又梦见你了
于我来说
你不曾离开，从未走远
犹如空气
你无处不在，无孔不入

梦里我们仨挤在床上看电视
除了工作，你没什么别的爱好
你看电视时不知不觉张着嘴
笑着
那模样别提有多傻
我笑过你几次
你依然故我
一派天真烂漫

去青岛前你依然在追剧
日追夜赶
可是两部热剧还是没看完
其实两剧都只剩最后两集了

看电视前
我和女儿会给你烫个脚
给你擦脚时你总会说
不好意思不好意思
这时我总会别过脸去
怕你看到泪
一辈子，我又为你做过些什么呢
我时常觉得我只是一个陪客

陪你走路是我日常的功课
你总是比我走得快
总是回头嘲笑我
一路上我们有说不完的话
国事家事公司事
偶有争执，以你为准

我们常走的路
我还在常走
一路上

我和你无数次相遇
你在沙滩椅上假寐浅笑
在花园里嫣然巧笑
在河边拈花微笑
在林荫间朗朗大笑

这条路
其实是一条时光隧道
我看见初恋时你脸上的第一抹绯红
看见你在师专读书时
骑车穿过半个城市给我送早餐
我看见我们蜜月旅行时
我被人无端辱骂
你冲上前去
给人就是一个耳光

前几天翻晒你的衣物
衣帽间里
你的每一件衣服还是那么栩栩如生、楚楚动人
只是大多显旧了
偶和闺蜜逛街
你买回来的往往是便宜货
前年我实在看不下去
买了一件羊绒短袍

可你一次也没穿过

妹妹，你对父母至孝
对家人至爱
对亲朋至真至诚
可是对你自己呢
你难道忍心让我们这样
负疚一生！
痛悔一生！
煎熬一生！

妹妹，你说过要陪父母终老
要看着女儿结婚生子
我也跟你说过
许多事，我一个人承受不来
承受不来
你答应过我们的
答应过我们的呀！

你肯定舍不得我们
放不下我们
走的时候
你的眼角噙着一颗泪珠
化过妆了，那滴泪还在

我几次想拭，可终究不敢
唯恐惊扰了你
如今想来
那是你对生的眷恋啊！

二三十年来
我几乎没怎么见过你的泪
你是一个那么要强、坚强、处处逞强的女子
从中学语文老师
到女作家协会会员
从女企业家协会会员
到市政协委员
你的一生
是性格决定命运的最好写照

是的，你的生命长度令人扼腕
但你的宽度厚度精彩度
赢得了更多尊重和怀念

姝姝，前段时间翻看手机
找到了一段你和闺蜜唱歌的视频
视频中你唱得很 high
唱的正是你的保留曲目《鬼迷心窍》
“曾经真的以为人生就这样了……

现在说再见会不会太早……”

姝姝，现在我的脑海里装着一只关不掉的录音机
现在说再见会不会太早……
现在说再见会不会太早……

很高兴认识你

我要一万次对你说
很高兴认识你

自打认识你
我一直在不断认识你
不断惊讶，不断惊喜

在茫茫的人海中
相遇是缘，相识是幸
相知是命，相爱是福
是偶然，更是命定的必然

我们总是不谋而合
不约而同
我们总有说不完的废话

道不尽的琐碎
你让我重新定义了爱
我如此痴狂
又如此恬静
从此我明白
什么叫对的人
什么是懂的心

是的，我分明看见了幸福

此时此刻
在认识你的第 698 天
我要郑重地对你说
很高兴认识你
认识你真好
谢谢你让我认识你
让我们把我们的认识
进行到底！

后记：心情其实还少年

“小吴，我看你也可以出本书了，你看你那么多小伙伴都出了书。”

“老吴，你怎么还不出书？”

“吴老，能向你讨本书吗？”……

说来惭愧，好歹也算是个卖文为生者，断断续续写了几十年字，却一直发兴不起兴，像众多小伙伴、老伙计一样出本书。事实上，不少同时起步的同学、同伴、同事早已差不多著作等身了。

之所以不愿发兴，或者说不敢发兴，主要是因为觉得作为一个文学青年—文学中年—文学老年，顶多偶尔卡拉 OK 一下、自娱自乐一下就行了，非要录盘磁带做成唱片，未免奢侈矫情，关键是又没什么市场，又花精力又花钱的，何苦来哉！

转折来源于 2020 年春节，那段时间不是因为疫情宅在家吗，闲来无事就在朋友圈写半自传体小说《我那遥远的里白岩》，两个女儿看到了表扬道:“居然还看得下去！”并一致怂恿我“好好孬孬攒本书。咱们不求卖，只为百年后存个念想”。

这话说得我心里拔凉拔凉的，可转念一想，话虽不中听，理还真是这么个理。

我生性疏懒随性，平素没有敝帚自珍的爱好和保存文稿的习惯，临到发兴出书，可真抓了瞎。电脑时代还好些，百般搜寻总还能找到仨瓜俩枣，手写时代的“敝帚”则全凭运气，找不到就只能“割爱”了。

收入这个“自选集”的，一是能找到的，二是稍微看得上眼的，三是自认为还有点意思或者意义的。没有统一的主题，也不分体裁品类，整个一个“大杂烩”。

需要说明的是，《我那遥远的里白岩》是小说，是一个书生眼里小村、小城的变迁史，虽然看上去煞有介事，人事或有几分印象、影子，但毕竟是小说，所以还请勿对号入座。

转眼又是一年，我坐在露台上仰望星空，不免唏嘘再三。“仰观宇宙之大，俯察品类之盛”，芸芸众生不过匆匆过客尔！那这本小书权作是“到此一游”的涂鸦吧。

许是为了去去三年大疫的秽气，今年的烟花格外凶猛。在此起彼伏的爆竹声中，我翻出一首旧作，略做修改，以示贺岁：

一年一年又一年
一不小心到中年
从来不知愁滋味
心情其实还少年
一天两天三四天
化入岁月都不见
问渠哪得快如许

一夕除去又一年

顺便说一句，“书生意气”是我使用已久的网名，顺手拿来作了书名，一来为偷懒，二来自觉也还贴切。一直以来我以书生自居，本书拉拉杂杂的文字，多为书生之见。窃以为，在滚滚红尘中，能葆有一腔书生意气，安安静静地做一介书生，岂不是幸事一桩？所以尽管碌碌无为，但内心还是知足的。

知足的还有一路走来还算顺利，初中毕业，正逢恢复中考，于是顺利考上了澄潭中学尖子班；高中毕业，顺利考上了浙江农业大学农机化专业，虽然大学和专业非己所愿，好在学校足够大，林子大了什么鸟都有，大家打打闹闹就是最好的学习和成长。毕业后分配得也还差强人意，且兜兜转转一大圈，回到了自己的兴趣和热爱——感谢命运！

最后我要感谢裘浙锋先生拨冗为本书作序，感谢张小千帮我收集文稿，感谢雷彦平帮我审校书稿，感谢先妻朱月姝冥冥中的指引，感谢太太方若梅及女儿吴吞、李梦涵的鼓励和支持。

是为后记。

2023 年 2 月